민주주의혁명 시기
사회민주주의당의 두 가지 전술

박종철출판사는 신의와 신념을 위해 죽은 우리의 벗을 기억하고자
1990년에 설립되었으며, 그와 함께 꿈꾸었던 세상을 만드는 데
보탬이 되고자 합니다.

러시아어판 완역

민주주의혁명 시기
사회민주주의당의 두 가지 전술

레닌 지음 최호정 옮김

박종철출판사

차 례

일러두기

1. 이 책은 소련공산당 중앙위원회 산하 맑스주의-레닌주의 연구소가 1984년에 발간한 러시아어판 『레닌 선집』(전10권)의 해당 부분을 번역한 것이다. 영어판과 일어판도 참조하였다.

2. *, **로 표시된 각주는 1905년에 저자 레닌이 붙인 것이다. 1907년에 레닌이 『12년간』이라는 책자에 이 글을 수록하면서 붙인 각주는 "(저자가 1907년판에 붙인 주.)"로 표시하여 구분하였다.

3. 번호를 붙여 후주로 처리한 것은 이해를 돕기 위해 번역자와 편집자가 추가한 것이다.

4. 저자가 강조한 곳은 굵은 글씨로 표시했다. 예 : **새로운**

5. 저자가 러시아어가 아닌 언어로 쓴 것은 원어를 그대로 표기한 후에 대괄호 안에 우리말로 옮겨 넣었다. 예 : sub specie aeternitatis[영원의 관점으로]

6. 이름의 약자로 사용된 문자는 영어 알파벳이 아닌 러시아어다.

7. 이 책에 등장하는 날짜는 1918년까지 러시아에서 사용된 율리우스력(러시아 구력)이다. 구력은 현재의 신력보다 13일 늦어서, 예를 들어 1917년 10월 24일에서 25일에 벌어진 권력 교체는 신력으로는 11월 6일에서 7일의 일이다.

민주주의혁명 시기
사회민주주의당의
두 가지 전술

서 문

혁명적 시기의 사건들은 혁명적 당들의 전술적 슬로건을 평가할 수 있는 새 자료들을 놀라울 정도로 많이 제공하는바, 이에 뒤떨어지지 않고 제대로 대응하기란 무척 어렵다. 이 소책자는 오데싸 사건*이 일어나기 전에 쓴 것이다. 과정으로서의 봉기 이론을 만들어 내고 임시혁명정부를 선전하는 것을 부정했던 사회민주주의자들조차 이 사건으로 인해 사실상 자신들의 반대파 쪽으로 옮겨 가거나 옮겨 가기 시작하지 않을 수 없었음을 우리는 『프롤레타리아』(제9호 「혁명은 가르친다」)에서 이미 지적한 바 있다. 평화적 정치 발전의 시대라면 믿어지지 않을 만큼 빠르고도 정당하게 혁명이 사람들을 가르친다는 것은 의심할 나위가 없다. 또한, 혁명은 지도자들은 물론 대중까지도

---

* 순양함 "뽀쫌낀 공"의 반란[1]을 말한다. (저자가 1907년판에 붙인 주.)

가르친다. 이 점이 특히 중요하다.

혁명이 러시아에서 노동자 대중에게 사회민주주의를 가르칠 것임은 의심할 나위가 없다. 혁명은 다양한 사회계급의 진정한 본성을 보여 줌으로써, 우리 민주주의의 부르주아적 성격을 보여 줌으로써, 부르주아 민주주의의 정신에서 보자면 혁명적이지만 그 내면에는 "사회화"의 사상이 아니라 농민 부르주아지와 농촌 프롤레타리아트 사이의 새로운 계급투쟁의 씨앗을 품고 있는 농민의 진정한 열망을 보여 줌으로써, 사회민주주의 당의 강령과 전술을 실제로 확증할 것이다. 예를 들어, 러시아에서의 자본주의의 발전에 관한 문제, 우리 '사회'의 민주주의에 관한 문제, 농민 봉기의 완전한 승리의 의미에 관한 문제 등에 관한 "사회주의자혁명가당"[2]의 강령 초안에는 낡은 인민주의의 낡은 환상들이 너무도 선연히 드러나 보이는데, 혁명은 이 모든 환상들을 가차 없이, 그리고 최종적으로 흩날려 버릴 것이다. 혁명은 다양한 사회계급에게 진정한 정치적 세례를 최초로 제공할 것이다. 이 계급들은 자기 이데올로그들의 강령과 전술적 슬로건들을 통해서뿐만 아니라 대중의 공개적인 정치 행위를 통해서도 스스로를 드러내게 되며, 그럼으로써 이들은 혁명을 통해 특정한 정치적 면모를 갖추고 나타날 것이다.

의심할 나위 없이 혁명은 우리를 가르치고, 인민 대중을 가르칠 것이다. 하지만 투쟁하는 정당에게 문제는 이제, 우리가 혁명에 뭔가를 가르칠 실력이 되겠는가 하는 점이다. 혁명에 프롤레타리아트의 흔적을 아로새기기 위해, 말이 아니라 실제로 혁명을 진정한 결정적인 승리로 이끌기 위해, 민주주의적 부르주아지의 동요와 어중간함과 배반을 무력화하기 위해, 우리는 과연 우리 사회민주주의 학설의 옳음을 활용하고 궁극적으로 유일한 혁명적 계급인 프롤레타리아트와 우리의 관계를 활용할 실력이 되겠는가?

이러한 목표를 향해 우리는 모든 노력을 기울여야 한다. 하지만 그 목표의 달성 여부는 한편으로는 정치 진영에 대한 우리의 평가가 옳은가, 우리의 전술적 슬로건들이 올바른가에 달려 있고, 다른 한편으로는 이 슬로건들을 노동자 대중의 현실적인 전투력으로 뒷받침할 수 있는가에 달려 있다. 우리 당의 모든 조직과 그룹이 벌이고 있는 일반적이고 정규적인 모든 일상 활동, 선전, 선동, 조직 활동은 대중과의 관계를 강화하고 확대하는 것을 지향한다. 이런 활동은 언제나 필요한 것이지만, 혁명적 시기에는 그 어느 때보다 더 이런 활동이 충분치 못하다고 여겨질 수 있다. 이 시기에 본능적으로 노동자계급은 공개적인 혁명적 행동에 뛰어들고자 하므로, 우리는 이러한 행동의 임무를 옳게 제기할 줄 알아야 하며, 그런 다음에는 이 임무들을 가능한 한 널리 알리고 그에 대한 이해가 확산될 수 있도록 해야 한다. 대중과 우리의 관계에 대해 흔히 보게 되는 비관주의가 이제는 혁명에서의 프롤레타리아트의 역할에 대한 부르주아적 사상들을 특히 빈번히 은폐하고 있다는 점을 잊어서는 안 된다. 우리가 아직 노동자계급을 교육하고 조직하기 위해 많은 활동을 해야 한다는 것은 의심할 나위가 없지만, 문제는 이제 이 교육과 조직의 주요한 정치적 무게중심을 어디에 두어야 할 것인가 하는 점이다. 노동조합과 합법단체들에 둘 것인가 아니면 무장봉기나 혁명군 및 혁명정부의 창설 작업에 둘 것인가? 여기에 두든 저기에 두든 노동자계급은 교육받고 조직된다. 두 가지 일이 모두 필요함은 물론이다. 그러나 문제는 지금, 그러니까 당면 혁명에서 노동자계급을 교육하고 조직할 때의 무게중심을 어디에 둘 것인가 하는 점으로 온통 모아진다. 첫 번째에 둘 것인가 아니면 두 번째에 둘 것인가?

혁명의 결말은 노동자계급이 부르주아지의 보조자 역할, 즉 전제 정부를 공격하는 힘에서는 강력하지만 정치적으로는 무력한 보조자 역할을 할 것인가 아니면 인민혁명의 지도자 역할을 할 것인가에 달려 있다. 부르주아지의 의식적 대표자들은 이 점을 매우 잘 느끼고 있다. 바로 그렇기 때문에, 노동조합과 합법 단체들을 **지금** 최우선적인 것으로 내세우고 있는 사회민주주의당 안의 "경제주의"[3]인 아끼모프주의를 『해방』이 찬양하는 것이다. 바로 그렇기 때문에, 신『불꽃』주의 안에 있는 아끼모프주의의 원칙적인 경향을 스뜨루베 씨가 환영하는 것이다(『해방』 제72호). 바로 그렇기 때문에, 러시아사회민주주의노동자당 제3차 대회[4]가 내린 결정들이 혐오스러우리만치 혁명적으로 편협하다는 공격을 그가 퍼붓는 것이다.

사회민주주의당이 옳은 전술적 슬로건들을 갖는다는 것은 대중을 지도하기 위해 이제 특히 중요한 의의를 지닌다. 혁명기에 원칙적으로 확고한 전술적 슬로건이 갖는 의의를 폄훼하는 것보다 더 위험한 일은 없다. 예를 들어 『불꽃』은 제104호에서 사회민주주의당 안의 자신의 반대파 쪽으로 사실상 옮겨 가고 있으나, 또한 그와 동시에 실패와 과오 등등을 수반하며 운동이 나아가는 길을 지시하고 삶을 앞서 가는 전술적 결정들과 슬로 건들의 의의를 하찮게 취급하고 있다. 이와는 정반대로, 사건의 꽁무니에서 질질 끌려가는 것이 아니라 일관된 맑스주의 원칙의 정신에 따라 프롤레타리아트를 지도하고자 하는 당에게 올바른 전술적 결정들을 작성하는 것은 엄청난 의의를 지니는 일이다. 러시아사회민주주의노동자당 제3차 대회 결의안과 당 분리파 협의회* 결의안 속에는 가장 정확하고, 가장 깊이 고려된, 가장 완전한 전술적 견해들이 표현되어 있는데, 이는 문필가들 개개인이 우연히 진술한 것이 아니라 사회민주주의자 프롤레타리아트의 책임 있는 대표자들이 채택한 것이다. 우리 당은 전원이 채택한 정확한 강령을 가지고 있다는 점에서 나머지 모든 당들의 선두에 서 있다[6]. 우리 당은 자신의 전술적 결의들에 대해 엄격한 태도를 취함으로써 다른 당들에 모범을 보여야 한다. 그것은 민주주의적 부르주아지인 『해방』의 기회주의에 맞서는 것이자, 혁명의 시기에만 느닷없이 강령 "초안"을 들고 나서서 자신들의 눈앞에서 진행되고 있는 것이 과연 부르주아혁명인가 하는 문제에 처음으로 주의를 기울이기에 급급했던 사회주의자혁명가당 당원들의 혁명적 미사여구에 맞서는 것이다.

우리가 러시아사회민주주의노동자당 제3차 대회의 전술적

---

* 러시아사회민주주의노동자당 제3차 대회(1905년 5월, 런던)에는 볼셰비끼만 참여하였다. "협의회"(같은 시기, 주네브)에는 멘셰비끼만 참여했는데[5], 본 소책자에서는 이들을 자주 "신『불꽃』파"라 부르고 있다. 그들이 『불꽃』을 계속 발간하면서 당시 그들의 동지였던 뜨로쯔끼의 입을 통해 구『불꽃』과 신『불꽃』 사이에는 넘을 수 없는 간극이 있다고 선언했기 때문이다. (저자가 1907년판에 붙인 주.)

결의와 협의회의 전술적 결의를 면밀하게 연구하고, 그 속에서 맑스주의 원칙에서 이탈된 것들이 무엇인지를 규정하고, 민주주의혁명에서 사회민주주의자 프롤레타리아트가 수행해야 하는 구체적 임무를 스스로에게 명확히 밝히는 것이 혁명적인 사회민주주의당의 가장 긴박한 과업이라고 생각하는 것은 바로 이런 이유에서다. 여러분 앞에 놓인 소책자 역시 그러한 작업에 바쳐진 것이다. 한마디 말의 훈계에 그치는 것이 아니라 향후 러시아사회민주주의노동자당 전체의 완전한 통일의 기초로서 전술의 통일을 현실적으로 준비하고자 하는 사람들을 위해서도, 우리의 전술을 맑스주의 원칙과 혁명의 교훈이라는 관점에 입각하여 검토하는 것이 필요할 것이다.

1905년 7월
레닌

1. 긴박한 정치 문제

우리가 겪고 있는 혁명적 시기에 일정에 올라 있는 것은 전 인민적인 제헌의회를 소집하는 문제다. 이 문제를 어떻게 해결할 것인가를 두고 의견이 갈려 있다. 세 가지 정치적 경향이 드러나고 있다. 짜르 정부는 인민 대표를 소집할 필요성을 묵인하고 있지만, 어떤 경우에도 그 의회가 전 인민적인 것이 되거나 제헌하는 것이 되도록 허용하는 것은 원치 않는다. 불리긴위원회[7]의 활동에 관한 신문 기사들을 믿는다면, 짜르 정부는 선동의 자유가 없고 일부 유산계급에 제한된 선거제도 아래에서 선출된 자문 의회라면 동의하겠다는 듯하다. 혁명적 프롤레타리아트는 사회민주주의당의 지도를 받는 만큼, 제헌의회로 완전하게 권력을 옮기는 것을 요구하고, 이를 위해 보통선거권과 완전한 선동의 자유는 물론이고 즉각적인 짜르 정부의 타도 및 임시혁명정부로의 대체를 성취하기 위해 노력하고 있다. 끝으로, 이른바 "입헌민주주의당"[8] 우두머리들의 입을 통해 자신의 바람을 표현하고 있는 자유주의 부르주아지는 짜르 정부의 타도를 요구하지도 않고 임시정부라는 슬로건을 내세우지도 않고 있으며, 또한 선거가 완전히 자유롭고 공정할 수 있도록, 대표자 의회가 정말로 전 인민적이고 정말로 제헌하는 의회가 될 수 있도록 현실적으로 보장하라고 주장하지도 않는다. 본질적으로,『해방』경향의 단 하나의 중요한 사회적 버팀목인 자유주의 부르주아지는 짜르와 혁명적 인민 사이에서 가능한 한 평화적인 거래를, 그것도

15

최대한의 권력을 자신, 즉 부르주아지가 얻고 혁명적 인민, 즉 프롤레타리아트와 농민은 최소한의 권력을 갖게 되는 그런 거래를 성사시키려 애쓰고 있다.

이러한 것이 당면한 시기의 정치적 상황이다. 이러한 것이 오늘날 러시아의 삼대 주요한 사회 세력에 합치하는 세 가지 주요한 정치적 유파다. 『해방』파가 어중간한 정책을, 더 직접적이고 간단히 말하자면 혁명을 배신하는 변절자의 정책을 민주주의적인 척하는 미사여구들로 어떻게 은폐하고 있는지에 관해 우리는 이미 『프롤레타리아』(제3, 4, 5호)에서 여러 번 말해 왔다. 이제 사회민주주의자들이 현 시기의 임무를 어떻게 고려하고 있는지 살펴보자. 이와 관련된 훌륭한 자료가 있으니, 얼마 전 러시아사회민주주의노동자당 제3차 대회와 당의 분리파 "협의회"에서 각각 채택한 두 개의 결의안이 그것이다. 이 결의안들 가운데 어떤 것이 정치적 시기를 더 올바르게 고려하고 있으며 혁명적 프롤레타리아트의 전술을 더 올바르게 규정하고 있는가 하는 문제는 엄청난 중요성을 지니므로, 선전가, 선동가, 조직가로서의 자신의 의무를 의식적으로 수행하고자 하는 사회민주주의자라면 누구나 사태의 본질에 관련되지 않은 생각들은 제쳐 놓고 주의 깊게 이 문제를 분석해야 한다.

당의 전술이란 당의 정치 행위, 혹은 그 정치 활동의 성격, 방향, 방법 등의 의미로 사용되는 말이다. 전술적 결의안들은 새로운 임무와 관련하여 혹은 새로운 정치 상황을 고려하여 총체로서의 당의 정치 행위를 정확하게 규정하기 위하여 당대회가 채택하는 것이다. 러시아에서 시작된 혁명, 말하자면 거대한 다

수 인민과 짜르 정부의 완전하고 단호하며 공개적인 결별이 그러한 새로운 상황을 창출하였다. 새로운 문제는 정말로 전 인민적이고 정말로 제헌하는 의회를 소집할 실천적인 방법이 어떤 것인가 하는 점이다. (그러한 의회에 관한 문제는 이론적으로는 사회민주주의당이 이미 오래전에 다른 모든 당들보다 앞서 당 강령에서 공식적으로 해결한 바 있다.) 만약 인민이 정부와 결별했다면, 그리고 대중이 새로운 질서를 수립해야 할 필요성을 인식하고 있다면, 정부를 전복하는 것을 자신의 목표로 제기한 당은 전복되는 낡은 정부를 어떤 정부로 대체할 것인가를 반드시 사고해야만 한다. 임시혁명정부라는 **새로운** 문제가 생겨나고 있는 것이다. 이 문제에 충분한 답을 내리려면 의식적인 프롤레타리아트의 당은 다음과 같은 것들을 분명히 밝혀야 한다. 첫째, 지금 진행 중인 혁명에서, 그리고 프롤레타리아트의 전체 투쟁에서 임시혁명정부가 일반적으로 갖는 **의미**. 둘째, 임시혁명정부에 대한 자신의 **태도**. 셋째, 그 정부에 사회민주주의당이 **참여**할 정확한 조건들. 넷째, 그 정부에 대해 **아래로부터** 압력을 가할 조건, 즉 정부 내에 사회민주주의당이 부재할 경우에 압력을 가할 조건. 이와 관련한 당의 정치 행위는 이 모든 문제를 해명할 때에만 원칙적이고 명료하며 굳건해질 것이다.

그렇다면 러시아사회민주주의노동자당 제3차 대회 결의안은 이 문제를 어떻게 풀고 있는지 살펴보자. 여기 그 결의안의 전문이 있다.

임시혁명정부에 관한 결의안

1) 프롤레타리아트의 직접적 이해관계와 사회주의의 궁극 목표들을 위해 그들이 벌이는 투쟁의 이해관계는 양자 공히 가능한 한 더 완전한 정치적 자유를 요구하며, 따라서 전제적 통치 형태를 민주주의 공화제로 대체할 것을 요구한다.

2) 러시아에서 민주주의 공화제의 실현은 승리한 인민 봉기의 결과로서만 가능하다. 그 봉기의 기관은 임시혁명정부이고 이 정부만이 유일하게 선거운동에서 선전의 자유를 완전히 보장할 수 있으며, 비밀투표에 의거한 보통·평등·직접 선거권을 기반으로 정말로 인민의 의지를 표현할 제헌의회를 소집할 수 있다.

3) 현재의 사회경제 제도에서 러시아의 이러한 민주주의 변혁은 부르주아지의 지배를 약화하는 것이 아니라 오히려 강화할 것인바, 부르주아지는 반드시 일정 시기가 되면 그 무엇에도 구애받지 않고, 러시아 프롤레타리아트가 혁명기에 쟁취한 것을 가능한 한 더 많이 빼앗기 위해 애쓸 것이다.

위의 사항들을 유념하여, 러시아사회민주주의노동자당 제3차 대회는 다음과 같이 결정한다.

가) 가장 개연성 있는 혁명의 경로에 관한 구체적인 관념과 혁명의 일정 시기에 임시혁명정부의 출현이 필요하다는 구체적인 관념을 노동자계급에게 확산시켜야 하는바, 프롤레타리아트는 이 정부에게 우리 강령의 가장 당면한 정치적, 경제적 요구들(최소 강령)을 실현할 것을 요구하게 될 것이다.

나) 세력들의 상호 관계 및 사전에 정확하게 규정할 수 없는

다른 요소들에 따라 우리 당 전권대표들의 임시혁명정부 참여가 허용되는바, 이는 노동자계급의 독자적인 이해관계를 고수하고 모든 반혁명적 시도들에 대해 가차 없는 투쟁을 벌이기 위함이다.

다) 완전한 사회주의 변혁을 위해 노력하며 그런 만큼 모든 부르주아 당들에 대해 비타협적으로 적대적인 사회민주주의 당의 독립성을 확고하게 보전하는 것과 전권대표들을 당이 엄격하게 통제하는 것이 그러한 참여의 필수 조건이 될 것이다.

라) 임시혁명정부에 사회민주주의당이 참여하는 것이 가능한가 하는 점과 관계없이, 혁명으로 쟁취한 것을 보전하고 공고히 하고 확대하기 위하여 사회민주주의당이 지도하는 무장한 프롤레타리아트가 임시정부에 끊임없이 압력을 가할 필요가 있다는 사상을 프롤레타리아트의 가장 광범위한 층에게 선전해야 한다.

2. 임시혁명정부에 관한 러시아사회민주주의노동자당 제3차 대회 결의안이 우리에게 제공하는 것은 무엇인가?

러시아사회민주주의노동자당 제3차 대회 결의안은 그 이름에서 알 수 있듯이, 다른 모든 것들을 배제한 채 전적으로 임시혁명정부에 관한 문제만을 다루고 있다. 이는 사회민주주의당이 임시혁명정부에 참여하는 것은 문제의 일부로서 여기에 포함된다는 것을 뜻한다. 다른 한편으로, 문제는 오로지 임시혁명정부에 관한 것일 뿐 다른 어떤 것도 아니다. 따라서 설사 "권력 쟁취" 일반 등에 관한 문제라 할지라도 결코 여기에 포함되지 않는다. 이와 같은 문제들을 젖혀 놓은 당대회의 행동은 과연 올바른 것인가? 의심할 나위 없이 올바르다. 왜냐하면 러시아의 정치 상황은 그런 문제들을 전혀 현재의 일정으로 내세우고 있지 않기 때문이다. 이와 반대로, 전체 인민이 일정에 올린 것은 전제 정부의 전복과 제헌의회의 소집이다. 이러저러한 문필가들이 때에 맞건 안 맞건 건드려 본 문제들이 아니라 그 시기의 조건들에 의해, 그리고 사회 발전의 객관적인 진행의 결과로서 중대한 정치적 의의를 지닌 문제들을 해결할 것을 제기해야 하는 것이 당대회다.

현재의 혁명에서, 그리고 프롤레타리아트의 일반적인 투쟁에서 임시혁명정부는 어떤 의의를 갖는가? 대회 결의안은 그 맨 첫 부분에서, 프롤레타리아트의 직접적 이해관계라는 관점과 "사회주의의 궁극 목표"라는 관점 양자 모두에서 "가능한 한 더 완전한 정치적 자유"의 필요성을 지적하면서 이 점을 설명하고 있다. 그런데, 우리 당의 강령에서 이미 인정한 바와 같이, 완전한 정치적 자유라는 것은 짜르 전제 정체政體를 민주주의 공화제로 대체할 것을 요구한다. 대회 결의안에서 민주주의 공화제라는 슬로건을 강조한 것은 논리적으로도 원칙적으로도 필요한 것인바, 민주주의를 위한 선도적 투사로서 프롤레타리아트는 바로 완전한 자유를 얻기 위해 애쓰고 있기 때문이다. 또한 군주주의자들, 즉 이른바 입헌"민주주의"당이나 "해방"당이 바로 지금 우리 나라에서 "민주주의"의 깃발 아래 진출하고 있는 이 시기에, 그러한 강조는 더욱 시의적절하다. 공화제를 수립하기 위해서는 인민 대표자 의회가, 그것도 반드시 (비밀투표에 의거한 보통·평등·직접선거권을 기초로 한) 전 인민적이고 제헌하는 의회가 절대적으로 필요하다. 이것은 또한 대회 결의안이 뒤에 인정하고 있는 바다. 하지만 결의안은 이에 그치지 않는다. "정말로 인민의 의지를 표현할" 새로운 질서를 수립하기 위해서는 대표자 의회를 제헌의회라고 부르는 것만으로는 부족하다. 이 의회가 "제헌할" 힘과 권력을 가질 수 있도록 해야 한다. 이 점을 의식하여, 대회 결의안은 "제헌의회"라는 형식적인 슬로건에 그치지 않고, 그러한 의회가 자신의 임무를 진정으로 이행할 수 있는 물질적인 조건들을 덧붙이고 있다. 그렇게 되는 데 필요한 조건들을 그렇게 적시하는 것은 절대적으로 필요한 일이다. 왜냐하면 이미 우리가 여러 번 지적했듯이 입헌군주주의당으로 대표되는 자유주의 부르주아지가 전 인민적 제헌의회라는 슬로건을 고의로 왜곡하여 그것을 공문구로 돌리고 있기 때문이다.

대회 결의안은 임시혁명정부만이, 그것도 승리한 인민 봉기의 기관이 될 그러한 정부만이 유일하게 정말로 인민의 의지를 표현할 의회를 소집하고 선거운동의 완전한 자유를 보장할 수 있다고 말한다. 이 명제는 옳은가? 이 명제를 논박할 생각이 드는 사람이라면, 짜르 정부가 반동의 손을 잡지 않을지도 모르며 선거에서 중립적일 수 있으며 정말로 인민의 의지가 표현되도록 배려할 수도 있다고 주장할 것이 틀림없다. 이 같은 주장은 너무나 불합리하기 때문에 공공연하게 그것을 옹호할 사람은 아무도 없겠지만, 자유주의의 깃발 아래 비밀스럽게 그러한 주장을 운반하는 사람들이 있으니, 우리의 『해방』파가 바로 그들이다. 누군가 제헌의회를 소집해야 하며, 누군가 선거의 자유와 공정성을 보장해야 하며, 누군가 그 의회에 힘과 권력을 전적으로 넘겨주어야 한다. 이런 일을 진심으로 원하고 이를 실현하기 위해 모든 것을 다할 수 있는 것은 오직 봉기의 기관인 혁명정부뿐이다. 짜르 정부는 필연적으로 이에 대항할 것이다. 짜르와 거래에 나섰으며 인민 봉기에 전적으로 의지하지는 않는 자유주의 정부는 이를 진심으로 원할 수도 없고, 설사 진심으로 원한다고 해도 이를 실현할 능력도 없다. 따라서 대회 결의안은 유일하게 올바르고 충분히 일관성 있는 민주주의적 슬로건을 제공하고 있는 것이다.

그러나 민주주의 변혁의 계급적 성격을 간과한다면 임시혁명정부의 의의에 대한 평가는 불완전하고 그릇된 것이 된다. 그렇기 때문에 결의안은 이 변혁이 부르주아지의 지배를 강화할 것이라고 덧붙이고 있다. 이는 현재의 제도, 즉 자본주의적 사회경제 제도에서는 불가피한 것이다. 그런데 정치적으로 어느 정도 자유로운 프롤레타리아트에 대한 부르주아지의 지배가 강화되면, 그들 상호 간의 권력을 향한 필사적 투쟁이 일어나는 것이 불가피하며, "프롤레타리아트가 혁명기에 쟁취한 것을 빼앗기 위해" 부르주아지의 필사적 시도가 일어나는 것이 불가피하다. 따라서 모든 사람들의 선두에서 그리고 모든 사람들의 수장으로서 민주주의를 위해 싸우면서, 프롤레타리아트는 부르주아 민주주의의 내부에 잠재해 있는 새로운 모순과 새로운 투쟁을 한순간도 잊어서는 안 된다.

이처럼 임시혁명정부의 의의는 우리가 검토한 결의안의 일부에 충분히 평가되어 있으니, 그것은 자유와 공화제를 위한 투쟁에 관한 임시혁명정부의 태도, 제헌의회에 관한 임시혁명정부의 태도, 새로운 계급투쟁의 기반을 닦는 민주주의 변혁에 관한 임시혁명정부의 태도 등에서 두루 평가되고 있다.

다음으로 나오는 질문은 임시혁명정부에 대한 태도에서 프롤레타리아트의 입장이 일반적으로 어떠해야 하느냐는 것이다. 무엇보다 먼저 대회 결의안은 임시혁명정부가 필요하다는 확신을 노동자계급 속에 확산시킬 것을 당에 직접 조언하는 것으로 이 문제에 답하고 있다. 노동자계급은 이러한 필요성을 인식해야 한다. "민주주의" 부르주아지가 짜르 정부 타도라는 문제를 저편에 내버려 두고 있을 때, 우리는 그것을 전면에 내세우고 임시혁명정부의 필요성을 주장해야만 한다. 더 나아가, 우리는 우리가 체험하고 있는 역사적 시기의 객관적 조건들과 프롤레타리아 민주주의의 과제들에 합치하도록 이 정부의 행동 강령을 적시해야 한다. 이 강령은 우리 당의 최소 강령 일체이자, 한편으로는 현재의 사회관계와 경제관계의 기반 위에서 충분히 실현 가능하고 다른 한편으로는 한 걸음 더 전진하기 위해, 사회주의를 실현하기 위해 필요한 다가올 정치 개혁과 경제 개혁의 강령이다.

이처럼 결의안은 임시혁명정부의 성격과 목적을 충분히 밝히고 있다. 그 원천과 기본 성격으로 보자면, 이 정부는 인민 봉기의 기관이 되어야 한다. 형식적 소명으로 보자면, 이 정부는 전 인민적인 제헌의회 소집의 도구가 되어야 한다. 활동 내용으로 보자면, 이 정부는 전제 정체에 맞서 봉기한 인민의 이해관계를 보장해 줄 수 있는 유일한 것인, 프롤레타리아 민주주의의 최소 강령을 실현해야 한다.

임시정부는 임시적이기 때문에 아직 전체 인민의 승인을 받지 못한 적극적인 강령을 실행할 수는 없다며 이에 반대할 수도 있다. 그러한 반대는 반동들과 "전제 정부 추종자들"의 궤변에 불과한 것이다. 그 어떤 적극적인 강령도 실행하지 않는다는 것은 썩어 빠진 전제 정체의 농노제 질서의 존재를 용인함을 의미한다. 그런 질서를 용인한다는 것은 혁명의 대의를 배반한 자들의 정부만이 할 수 있는 일이지 인민 봉기의 기관인 정부가 할 일이 아니다. 제헌의회가 아직은 집회의 자유를 인정하지 않을 수도 있다는 구실을 대며 제헌의회가 집회의 자유를 인정하기 전까지는 실제로 그러한 자유를 실현하는 것은 포기해야 한다고 누군가가 제안한다면, 이는 웃음거리가 될 것 아닌가! 임시혁명정부가 최소 강령을 즉각적으로 실현하는 것을 반대하는 것이 바로 그와 같은 웃음거리다.

끝으로, 결의안은 최소 강령의 실현을 임시혁명정부의 임무로 제기함으로써 그 자체로 최대 강령의 즉각적인 실현, 사회주의 변혁을 위한 권력 쟁취라는 반＋무정부주의적인 어리석은 사상을 제거하고 있다는 점을 짚어 보자. 러시아의 경제 발전 정도(객관적 조건)와 광범위한 프롤레타리아트 대중의 의식성 및 조직성의 수준(객관적 조건과 불가분하게 관련되어 있는 주관적 조건)으로 인해, 노동자계급의 즉각적이고 완전한 해방이란 불가능하다. 무식하기 짝이 없는 사람들만이 현재 진행되고 있는 민주주의 변혁의 부르주아적 성격을 무시할 수 있다. 순진하기 짝이 없는 낙관주의자들만이 사회주의라는 목적과 그 실현 방법들에 관해 노동자 대중이 아직 얼마나 아는 게 없는지를 잊을 수 있다. 하지만 우리는 모두 노동자의 해방이란 오직 노동자 자신들의 대의이며, 대중의 의식성과 조직성 없이는, 전체 부르주아지에 대한 공개적인 계급투쟁으로 노동자 대중을 훈련시키고 교육하지 않고는 사회주의혁명을 거론할 수도 없다는 것을 확신하고 있다. 그러므로 우리가 마치 사회주의 변혁을 미루고 있는 것처럼 말하는 무정부주의적인 반론에 대한 답변으로 우리는 다음과 같이 말할 것이다. 즉 우리는 그것을 미루고 있는 것이 아니라, 유일하게 올바른 길, 즉 민주주의 공화제라는 길을 따라 유일하게 가능한 방법으로 그것을 향한 첫걸음을 내딛고 있는 것이라고. 정치적 민주주의가 아닌 다른 길을 따라 사회주의로 가고자 하는 사람은 경제적 의미로든, 정치적 의미로든 어리석고 반동적인 결론에 도달하는 것을 피할 수 없다. 만일 이러저러한 노동자들이 적절한 때 우리에게 왜 우리가 최대 강령을 실현하지 않느냐고 묻는다면, 우리는 그들에게 민주주의적 정서를 지닌 인민 대중에게 사회주의란 아직 얼마나 낯선 것인지, 계급 모순이 아직 얼마나 덜 발전했는지, 프롤레타리아트는 아직 얼마나 조직되어 있지 않은지 등을 지적하는 것으로 답할 것이다. 러시아 전역에서 수십만 노동자를 조직하고 수백만에게 자신들의 강령에 대한 공감을 확산시켜 보라! 쩡쩡 울리지만 공허하기만 한 무정부주의적인 미사여구들에만 그치지 말고 이런 일을 한번 시도해 보라. 그러면 바로 그 순간 당신들은 이런 조직화를 실현하는 일, 그러한 사회주의적 계몽을 확산시키는 일은 가능한 한 더 완전하게 민주주의 개혁을 실현하느냐 하지 못하느냐에 달려 있다는 사실을 알게 될 것이다.

더 나아가 보자. 임시혁명정부의 의의와 그에 대한 프롤레타리아트의 태도가 밝혀졌다면, 다음과 같은 문제가 생긴다. 어떤 조건에서 우리가 그 정부에 참여하는 것(위로부터의 행동)이 허용되는가? 아래로부터의 우리의 행동은 어떤 것이어야 하는가? 결의안은 이러한 두 가지 문제에 정확한 답을 제공한다. 결의안은 (민주주의 변혁의 시대, 공화제를 위한 투쟁의 시대에) 임시혁명정부에 사회민주주의당이 참여하는 것이 원칙적으로 허용된다고 단호하게 선언하고 있다. 이 선언으로 우리는 이 문제에 원칙적으로 부정적인 의미로 답하고 있는 무정부주의자들과 우리를 분리하고, 또 우리가 그 정부에 참여하는 것이 필요하게 될지도 모를 상황을 전망하면서 우리를 겁주었던 (마르띠노프와 신『불꽃』과 같은) 사회민주주의당의 꽁무니주의자들과 단호히 우리를 분리하고 있다. 이 선언으로 러시아사회민주주의노동자당 제3차 대회는 임시혁명정부에 사회민주주의자들이 참여하는 것이 마치 밀레랑주의의 변종인 것인 양하는, 그리고 그러한 참여는 부르주아적 질서를 신성화하는 것이므로 원칙적으로 허용될 수 없는 것인 양하는 신『불꽃』의 사상을 단호히 거부했다.

하지만 원칙적인 허용의 문제만 가지고는 실천적인 합목적성의 문제가 해결되지 않는다는 것은 자명하다. 당대회가 인정한 "위로부터의" 투쟁이라는 이 새로운 투쟁 형태는 어떤 조건에서 합목적적인가? 세력들 사이의 상호 관계 등의 구체적 조건에 관해 말하는 것이 지금으로서는 불가능하다는 것은 자명한 이치이며, 따라서 결의안은 당연히 이 조건들을 사전에 규정하는 것을 거부하고 있다. 분별 있는 사람이라면 어느 누구도 현 시기에 우리의 관심사가 되어 있는 문제에 관해 무언가를 예단하려 들지 않을 것이다. 우리가 할 수 있고 또 해야 할 일은 우리의 참여가 갖는 목표와 성격을 규정하는 것이다. 결의안이 바로 그것을 하고 있으니, 참여의 두 가지 목표를 다음과 같이 적시하고 있다. 1) 반혁명적 시도들에 대한 가차 없는 투쟁, 2) 노동자계급의 독자적인 이해관계의 고수. 자유주의 부르주아가 혁명적 인민을 위협하여 전제 정부에게 양보하라고 부추기려 애쓰면서 반동의 심리에 관해 열심히 떠들어 대기 시작하는 (『해방』 제71호에 실린 스뜨루베 씨의 교훈적인 「공개서한」을 보라.) 바로 이 시점에, 프롤레타리아트의 당이 반혁명과의 진정한 전쟁이라는 임무를 상기시키고 있는 것은 매우 적절한 일이다. 정치적 자유와 계급투쟁이라는 거대한 문제들을 해결하는 것은 결국 힘뿐이므로, 우리는 이러한 힘을 준비하고 조직하기 위해, 그리고 그 힘을 적극적으로 사용하는 것, 즉 방어적으로뿐만 아니라 공격적으로도 사용하는 것에 대해 신경 써야 한다. 빠리꼬뮌[9] 이래 거의 끊임없이 유럽을 지배하고 있는 정치적 반동의 기나긴 시대는 오직 "아래로부터의" 행동에 관한 생각에 우리를 지나치게 친숙해지도록 했고, 오직 방어적인 투쟁을 관찰하는 것에 지나치게 익숙해지도록 했다. 의심할 나위 없이, 우리는 이제 새로운 시대로 접어들었다. 정치적 격동과 혁명의 시기가 시작된 것이다. 러시아가 겪고 있는 이러한 시기에 낡고 진부한 틀에 제약되는 것은 허용될 수 없다. 위로부터의 행동에 관한 사상을 선전하고, 가장 정력적이고 공격적인 행동을 준비해야 하며, 그러한 행동의 조건과 형식들을 연구해야 한다. 대회 결의안은 그러한 조건들 중 두 가지를 최우선적인 것으로 내세우고 있다. 하나는 사회민주주의당이 임시혁명정부에 참여하는 것의 형식적 측면(당 전권대표들에 대한 당의 엄격한 통제)에 관한 것이고, 다른 하나는 이러한 참여의 본질적인 성격(완전한 사회주의 변혁이라는 목표를 단 한 순간도 간과하지 않는 것)에 관한 것이다.

이렇게, "위로부터" 행동할 때의 ― 이 새로운, 지금까지는 거의 보지 못했던 투쟁 방법에서의 ― 당의 정책을 모든 측면에서 해명한 후, 결의안은 우리가 위로부터의 행동에 성공하지 못할 경우에 대해서도 미리 생각해 두고 있다. 어떤 경우건 우리에게는 임시혁명정부에 아래로부터 영향력을 행사해야 할 의무가 있다. 이렇게 아래로부터 압력을 가하기 위해서는 프롤레타리아트가 무장해야만 하며 ― 혁명적 시기에는 사태가 직접적인 내전으로까지 매우 급박하게 치달을 수 있기 때문에 ― 사회민주주의당의 지도를 받아야 한다. 프롤레타리아트의 무장 압력의 목표는 "혁명으로 쟁취한 것을 보전하고 공고히 하고 확대하는 것"이다. 프롤레타리아트의 이해관계라는 관점에서 볼 때, 혁명으로 쟁취한 것이란 우리의 최소 강령 전체의 실행이다.

이것으로 우리는 임시혁명정부에 관한 제3차 대회 결의안에 대한 간략한 분석을 마치겠다. 독자께서 보시다시피, 이 결의안은 새로운 문제의 의의와 그 문제에 대한 프롤레타리아트 당의 태도, 그리고 임시혁명정부의 내부와 외부에서 당이 취할 정책을 명확히 밝히고 있다.

이제 여기에 대응하는 "협의회" 결의안을 살펴보자.

3. "짜르 체제에 대한 혁명의 결정적 승리"란 무엇인가?

"협의회" 결의안은 "권력의 쟁취와 임시혁명정부 참여"라는 문제를 취급하고 있다.* 우리가 이미 지적한 것처럼, 문제를 이렇게 제기하는 것에 벌써 혼란이 있다. 한편으로는, 문제가 협소하게 제기되어 있다. 임시혁명정부와 관련된 당의 임무 일반이 아니라 임시혁명정부에 우리가 참여하는 문제만이 제기되어 있다는 것이다. 다른 한편으로는, 완전히 다른 성격의 두 문제, 즉 **민주주의 변혁**의 단계들 중 한 단계에서 우리가 참여하는 문제와 **사회주의 변혁**에 관한 문제가 뒤범벅되어 있다. 실제로, 사회민주주의당에 의한 "권력의 쟁취"란 그 말을 직접적이고 통상적인 의미에서 사용하는 한에서는 바로 사회주의 변혁이며 다른 어떤 것도 될 수 없다. 또한, 만일 그 말을 사회주의 변혁이 아닌 민주주의 변혁을 위한 권력의 쟁취라는 의미로 이해한다면, 그 경우에는 임시혁명정부에 참여하는 것만 말하지 않고 "권력의 쟁취" **일반**에 관해 말하는 것이 무슨 의미가 있는

---

* 이 결의안의 전문을 독자는 본 책자의 400, 403, 407, 431, 433쪽[30, 38, 45, 95, 100~101쪽] 인용문을 통해서 복구할 수 있을 것이다. (저자가 1907년판에 붙인 주.)

가? 우리의 "협의회파"는 그들이 본래 말해야 하는 것이 무엇인지, 즉 민주주의 변혁인지 아니면 사회주의 변혁인지를 스스로도 잘 알지 못했음이 틀림없다. 이 문제에 관한 문헌들을 주시해 온 사람이라면, 이러한 혼란의 시초가 마르띠노프 동지의 유명한 『두 독재』에 놓여 있음을 알고 있다. 신『불꽃』파는 이 전형적인 꽁무니주의 저작에 (그것도 1월 9일[10] 이전에) 나와 있는 문제 제기를 상기하는 것이 내키지 않겠지만, 그럼에도 이 저작이 협의회에 사상적으로 영향을 미쳤다는 것은 의심할 수 없는 사실이다.

하지만 결의안의 제목은 좀 제쳐 두자. 그 내용은 비할 데 없이 더 깊고 중대한 과오들을 우리에게 보여 준다. 여기 결의안의 첫 부분이 있다.

짜르 체제에 대한 혁명의 결정적인 승리는 승리한 인민 봉기에서 나올 임시정부를 수립함에 의해 공표될 수도 있고, 아니면 인민의 직접적인 혁명적 압력 하에 전 인민적인 제헌의회를 조직하기로 결정할 대표자 기구를 혁명적으로 발기함에 의해 공표될 수도 있다.

그러니까 짜르 체제에 대한 혁명의 결정적인 승리가 승리한 봉기일 수도 있고, 또…… 대표자 기구가 제헌의회를 조직하기로 결정하는 것일 수도 있다고 우리에게 말하는 것 아닌가! 이게 무슨 말인가? 어떻게 이런 말을? 제헌의회를 조직하기로 "결정"하는 것으로 결정적인 승리가 공표될 수 있다고?? 그리고 그러한 "승리"가 "승리한 인민 봉기에서 나올" 임시정부의 수립과 나란히 놓인단 말인가!! 승리한 인민 봉기와 임시정부의 수립은 실제로 혁명의 승리를 의미하는 것이지만, 제헌의회를 조직하기로 하는 "결정"은 한낱 말에 지나지 않는 혁명의 승리를 의미한다는 것을 협의회는 깨닫지 못했던 것이다.

　멘셰비끼-신『불꽃』파 협의회는 자유주의자들인 『해방』파가 항상 빠져 드는 바로 그 오류에 빠졌다. 『해방』파는 짜르의 손에 힘과 권력이 유지되는 것에는 겸연쩍게 눈을 감고, "제헌"하려면 제헌할 힘을 가져야 한다는 점을 잊은 채 "제헌"의회에 대한 미사여구를 남발하고 있다. 협의회 역시, 대표자들이 어떤 사람인지 불문하고 그 대표자들의 "결정"이 내려진다고 해도 이 결정의 실현은 아직 멀다는 점을 잊었다. 협의회는 권력이 짜르의 손에 남아 있는 한 그런 대표자들이 어떤 결정을 내리건 모두 독일 혁명사에서 저 유명한 1848년 프랑크푸르트 의회[11]의 "결정들"이 그랬던 것과 똑같이 공허하고 가련한 말잔치로 남는다는 것 또한 잊었다. 혁명적 프롤레타리아트의 대표자인 맑스는 자신의 『신라인신문』에서 바로 이 점을 들어 프랑크푸르트의 자유주의적 "『해방』파"에게 가차 없이 신랄한 풍자의 채찍을 휘둘렀으니, 그들은 훌륭한 말을 하고 온갖 민주주의적인 "결정들"을 채택하고 온갖 자유들을 "제정"했지만, 실제로는 권력을 국왕의 손에 남겨 두었고 국왕의 관할 하에 있던 군사력에 대한 무장투쟁을 조직하지는 않았던 것이다. 결국, 프랑크푸르트의 『해방』파가 쓸데없이 지껄이고 있던 동안 국왕은 때를 기다려 자신의 군사력을 강화했고, 반혁명은 현실의 힘에 의거하여 민주주의자들과 그들의 온갖 매력적인 "결정들"을 분쇄했다.

협의회는 승리의 결정적인 조건이 결여되어 있는 바로 그 상황을 결정적인 승리와 동일시했다. 우리 당의 공화주의적 강령을 인정하고 있는 사회민주주의자들이 어떻게 이런 오류에 빠져 들 수 있었을까? 이 기이한 현상을 이해하기 위해서는 당 분리파에 관한 제3차 대회 결의안*을 주시할 필요가 있다. 이 결의안에는 우리 당 안에 "'경제주의'와 유사한" 다양한 조류가 잔존하고 있다는 점이 지적되어 있다. 우리의 협의회파(확실히, 이들이 마르띠노프의 사상적 지도 아래 있는 것에는 다 이유가

---

* 이 결의안의 전문을 다음과 같이 인용한다. "대회는 다음과 같은 점을, 즉 '경제주의'와 투쟁하던 시기부터 지금까지 러시아사회민주주의노동자당 안에 '경제주의'와 유사한 조류가 다양한 수준과 다양한 측면에서 잔존해 왔으며, 그 조류는 프롤레타리아 투쟁에서 의식성의 요소들이 갖는 의의를 폄훼하여 이를 자생성의 요소들에 종속시킨다는 공통적 경향을 지닌다는 점을 확인한다. 조직 문제에서 이 조류의 대표자들은 계획에 따르는 정형화된 당 활동에 부합하지 않는, 과정으로서의 조직이라는 원칙을 이론적으로 내세우고 있으며, 실천에서도 많은 경우 당 규율에서의 이탈을 체계화하고 있고, 또 다른 경우에는 의식성이 가장 뒤떨어진 당의 부분에게 러시아 현실의 객관적 조건들을 도외시하며, 선거 원칙의 광범위한 적용을 설교함으로써 현시점에서 유일하게 가능한 당적 관계의 기초를 손상시키려 애쓰고 있다. 전술적 문제들에서 그들은 자유주의적 부르주아 당들로부터 완전히 독립적인 당의 전술을 반대하고, 우리 당이 인민 봉기의 조직가 역할을 짊어지는 것이 가능하고 또 바람직하다는 것을 반대하며, 어떤 조건이 되건 민주주의적인 혁명적 임시정부에 참여하는 것을 반대하면서 당 활동의 폭을 좁히려고 노력하는 것으로 자신들의 진가를 발현한다.
대회는 혁명적 사회민주주의의 원칙들에서 이같이 부분적으로 이탈하는 것에 맞서 어디서나 정력적인 사상투쟁을 벌일 것을 모든 당원에게 제안하지만, 동시에 그러한 견해들에 어느 정도 동조하고 있는 사람들이 당대회와 당의 규약을 인정하고 당 규율에 전적으로 복종할 수 있게 하는 필수 조건이 있을 경우, 이들의 당 조직 참여가 허용된다는 점을 인정한다." (저자가 1907년판에 붙인 주.)

있다.)는 "경제주의자들"이 정치투쟁이나 8시간 노동일에 관해 논할 때와 아주 똑같은 정신에서 혁명을 논하고 있다. "경제주의자들"은 1) 권리를 위한 투쟁, 2) 정치 선동, 3) 정치투쟁, 아니면 1) 10시간 노동일, 2) 9시간 노동일, 3) 8시간 노동일 같은 식의 "단계론"을 즉각적으로 전개했다. 이런 "과정으로서의 전술"이 어떤 결과를 가져왔는지는 모두들 충분히 알고 있다. 이제 우리는 혁명까지도 미리 단계별로 잘 나누라는 제안을 받고 있다. 1) 짜르가 대표자 기구를 소집한다. 2) 이 대표자 기구가 "인민"의 압력 하에서 제헌의회를 조직하기로 "결정한다." 3) ……. 멘셰비끼는 세 번째 단계에 관해서는 아직까지 의견의 일치를 보지 못했다. 그들은 인민의 혁명적 압력은 짜르 체제의 반혁명적 압력에 부딪친다는 것, 따라서 "결정"이 실현되지 못한 상태로 남게 되거나 결국 또다시 사태가 인민 봉기의 승리나 패배에 의해 결정된다는 것을 잊었다. 협의회 결의안은 "경제주의자들"의 다음과 같은 논리 전개와 한 치도 틀림없이 닮아 있다. 노동자들의 결정적인 승리는 8시간 노동일을 혁명적으로 실현하는 것으로 공표될 수도 있고, 아니면 10시간 노동일의 선사와 9시간 노동일로의 이행을 "결정"하는 것으로 공표될 수도 있다……. 정말 한 치도 틀림없이 똑같다.

결의안 작성자들은 봉기의 승리를 짜르가 소집한 대표자 기구의 "결정"과 **동일시할** 작정은 아니었다고, 자신들이 원했던 것은 단지 이런저런 경우의 당의 전술을 미리 구상해 두려는 것뿐이었다고 우리에게 반박할 수도 있다. 이에 대해 우리는 다음과 같이 답하겠다. 1) 결의안의 본문은 직접적이고도 명확하게 대표자 기구의 **결정**을 "짜르 체제에 대한 결정적인 승리"라고 일컫고 있다. 어쩌면 이는 부주의한 표현 형식의 결과일지도 모르며 그렇다면 의사록에 기초하여 그것을 바로잡을 수 있을 수도 있지만, 그러한 표현 형식이 바로잡히지 않는 한 그것의 의미는 오직 하나일 수밖에 없으며, 그 의미는 전적으로 『해방』파적인 것이다. 2) 결의안 작성자들이 빠져든 "『해방』파적인" 사고의 진행은 신『불꽃』파의 다른 문헌들에서 더더욱 비할 바 없이 두드러지게 나타난다. 예를 들어, 찌플리스 위원회의 기관지인 『사회민주주의자』(그루지아어로 씌어짐. 『불꽃』 제100호에서 찬양한 바 있음.)에 실린 「국민의회와 우리의 전술」이라는 논설은 "국민의회를 우리의 행동 중심으로 선택하는" "전술" (덧붙이자면, 우리는 아직 그러한 의회의 소집에 관해 정확한 어떤 점도 알지 못하는 바다!)이 무장봉기와 임시혁명정부 수립 "전술"보다 "우리에게 더 유리하다."라는 말까지 서슴없이 내뱉고 있다. 우리는 아래에서 이 논설로 다시 되돌아올 것이다. 3) 혁명이 승리할 경우 혹은 패배할 경우, 봉기가 성공할 경우, 봉기가 중대한 힘이 될 정도로 타오르지 못할 경우 등에 대비한 당의 전술을 사전에 토의하는 것에 대해서는 어떠한 반대도 있을 수 없다. 짜르 정부가 자유주의 부르주아지와 거래하기 위해 대표자 기구를 성공적으로 소집할 수도 있다. 제3차 대회 결의안은 이런 점을 미리 생각하여 "위선적인 정책", "사이비 민주주의", "소위 국민의회라 불리는 유의 우스꽝스러운 인민 대표제 형태들"에 관해 직접적으로 언급하고 있는 것이다.* 하지만 중요한 점은 이는 임시혁명정부와는 관계가 없기 때문에 임시혁명정부에 관한 결의안이 아닌 곳에서 언급되어 있다는 것이다. 이로 인해 봉기와 임시혁명정부 수립이라는 문제는 뒤로 가고 문제의 형태가 변경되는 등등의 일이 일어나기도 한다. 지금 문제가 되고 있는 것은 갖가지 조합이 가능하며 승리할 수도 있고 패배할 수도 있으며 직선로도 있고 우회로도 있다는 따위의 것이 아니다. 정말로 혁명적인 길에 관한 노동자들의 관념에 사

* 여기 변혁 전야의 정부 전술에 대해 취할 태도에 관한 이 결의안의 본문이 있다. "우리가 겪고 있는 혁명기에 정부는 자기 유지를 위하여 프롤레타리아트의 의식적 분자들에게 우선적으로 가했던 통상적 탄압을 강화하면서, 그와 함께 1) 개혁을 약속하고 양보하는 방식으로 노동자계급을 정치적으로 타락시키고, 그렇게 함으로써 노동자계급을 혁명 투쟁에서 떼어내려 애쓰고 있으며, 2) 위와 똑같은 목표를 가지고, 노동자들이 자신의 대표자들을 위원회 및 회의에서 선출하도록 유도하는 것을 비롯하여 소위 국민의회라 불리는 유의 우스꽝스러운 인민 대표제 형태들을 만들어 내는 것에 이르기까지, 자신들의 위선적인 양보 정책에 사이비 민주주의의 형식을 입히고 있으며, 3) 이른바 검은 도당[12]이라는 것을 조직하여, 반동적이고 정치적 의식이 결여되었거나 인종적·종교적 증오심에 눈이 먼 모든 인민 분자들이 죄다 혁명에 반대하여 일어나게 하고 있다.
러시아사회민주주의노동자당 제3차 대회는 모든 당 조직에 다음의 일을 제안하기로 결정한다.
가) 정부의 양보가 갖는 반동적인 목표를 폭로하면서, 선전과 선동을 통해 한편으로는 양보가 어쩔 수 없이 이루어진 것임을 강조하고, 다른 한편으로는 전제 정부에게는 프롤레타리아트를 만족시키는 개혁을 행할 가능성이 전혀 없다는 점을 강조한다.
나) 선거운동을 이용하여, 정부의 그 같은 조치들이 갖는 진정한 의미를 노동자들에게 설명하고 프롤레타리아트가 보통·평등·직접선거권에 기초한 비밀투표를 통해 혁명적 방식으로 제헌의회를 소집해야 할 필요성을 증명해 보인다.
다) 8시간 노동일 및 노동자계급의 다른 시급한 요구들을 혁명적 방식으로 즉각 실현하기 위해 프롤레타리아트를 조직한다.
라) 검은 도당 및 정부가 지도하는 모든 반동적 분자들의 출현에 대해 무장 반격을 조직한다." (저자가 1907년판에 붙인 주.)

회민주주의자가 혼란을 가져다주는 일은 허용될 수 없다는 것, 승리의 **기본적인** 조건이 결여되어 있는 것을 『해방』파식으로 결정적인 승리라고 부르는 것은 허용될 수 없다는 것이 문제가 되고 있는 것이다. 우리는 8시간 노동일조차 단번에 얻지 못하고 오랜 우회로를 거치고서야 얻게 될지도 모르지만, 프롤레타리아트가 지연, 지체, 흥정, 배신, 반동 등을 막아낼 **힘이 없게 될** 그러한 무력함, 그러한 나약함을 노동자들의 승리라고 부르는 사람에 대해 당신들은 무슨 말을 하겠는가? 언젠가 『전진』*에서 언급한 것처럼, 러시아의 혁명은 "헌법의 낙태"로 끝날지도 모른다. 하지만 그렇다고 해서 결정적인 투쟁의 전야에 이러한 낙태를 "짜르 체제에 대한 결정적인 승리"라고 부르기 시작하는 사회민주주의자가 과연 정당화될 수 있는가? 최악의 경우, 우리는 공화제를 쟁취하지 못할 뿐만 아니라 헌법이라는 것도 유령 같은 "시쁘프 식" 헌법이 될 수도 있다. 하지만 우리의 공화제 슬로건을 사회민주주의자 측에서 먹칠하여 감추는 것이 용서될 일인가?

물론 신『불꽃』파는 아직 우리의 슬로건을 먹칠하여 감추는 데까지 이르지는 않았다. 하지만 그들에게서 혁명 정신이 어느 정도까지 사라졌는지, 생명력 없는 궤변으로 인해 현 시기의 전

---

* 주네브의 신문 『전진』은 당의 볼셰비끼 분파의 기관지로 1905년 1월에 발간되기 시작했다. 1월부터 5월까지 18호가 발간되었다. 러시아사회민주주의노동자당 제3차 대회(이 대회는 런던에서 5월에 개최되었다. 멘셰비끼는 주네브에서 자신들의 "협의회"를 열었던 관계로 대회에 나타나지 않았다.)의 결정으로 5월부터는 러시아사회민주주의노동자당의 중앙기관지로 『전진』 대신에 『프롤레타리아』가 발간되기 시작했다. (저자가 1907년판에 붙인 주.)

투적 임무에 그들의 눈이 어느 정도까지 가려 있는지는 그들이 자신들의 결의안에서 공화제에 관해 말하는 것을 그만 잊은 것을 보면 매우 명확히 알 수 있지 않은가! 믿을 수 없는 일이지만, 이것은 사실이다. 협의회의 여러 결의안에는 사회민주주의당의 모든 슬로건들이 확인되고 되풀이되고 설명되고 상세히 검토되어 있으며, 심지어 노동자들이 사업장별로 대표와 대의원들을 선출하는 것까지도 잊지 않고 들어 있는데, 임시혁명정부에 관한 결의안에 공화제를 상기시키는 사항만은 빠져 있다. 인민 봉기의 "승리"와 임시정부의 수립에 관해 말하면서 이러한 "행보"와 행동들이 공화제의 쟁취에 대해 갖는 관계를 지적하지는 않는 것, 이것은 결의안을 쓴 것이 프롤레타리아트의 투쟁을 지도하기 위해서가 아니라 프롤레타리아 운동의 꽁무니를 절뚝거리며 따라가기 위해서였음을 의미한다.

결론: 결의안의 첫 부분은 1) 공화제를 위한 투쟁과 정말로 전 인민적이고 정말로 제헌하는 의회의 확보라는 관점에서 본 임시혁명정부의 의의를 전혀 밝히지 않았다. 2) 진정한 승리를 위한 기본적인 조건이 결여되어 있는 바로 그런 상황을 짜르 체제에 대한 혁명의 결정적인 승리와 동일시함으로써 프롤레타리아트의 민주주의 의식을 완전히 어지럽히고 말았다.

4. 군주제의 해소와 공화제

결의안의 다음 부분으로 옮겨 가 보자.

…… 어떤 경우든 이러한 승리는 혁명적 시대의 새로운 국면의 출발점이 될 것이다.

사회 발전의 객관적 조건에 의해 이 새로운 국면에 자생적으로 제기되고 있는 과제는 정치적으로 해방된 부르주아사회의 구성 요소들이 자신들의 사회적 이해관계 실현과 직접적인 권력 소유를 위해 벌이는 상호 투쟁의 과정에서 신분제적 군주 체제 전체를 최종적으로 해소하는 것이다.

따라서 역사적 성격상 부르주아적인 이 혁명의 과제를 실현하는 일을 걸머진 임시정부 역시, 해방되는 국가의 대립적인 계급들 사이의 상호 투쟁을 조정하면서 혁명적 발전을 진전시켜야 할 뿐만 아니라 그 발전의 요소들 중에서 자본주의 제도의 기초를 위협하는 것들과도 맞서 투쟁해야 할 것이다.

결의안의 독자적 장을 구성하고 있는 이 부분을 검토해 보자. 우리가 발췌한 논의의 기본 사상은 대회 결의안 제3조에 서술되어 있는 것과 일치한다. 하지만 두 결의안의 이 부분을 대조해 보면 이들 사이의 다음과 같은 근본적인 차이가 곧바로 눈에 띈다. 대회 결의안은 혁명의 사회경제적 기초를 두 마디로 특징지으면서, 쟁취한 특정한 것을 둘러싸고 벌어지는 특정한 투쟁에 모든 주의를 집중시키고 프롤레타리아트의 전투적 임무를 최우선적인 것으로 내세운다. 협의회 결의안은 혁명의 사회경제적 기초를 장황하고 모호하며 혼란스럽게 묘사하면서, 쟁취한 특정한 것을 둘러싸고 벌어지는 투쟁에 관해서는 매우 불명료하게 말하고 프롤레타리아트의 전투적 임무는 완전히 뒷전에 내버려 두고 있다. 협의회 결의안은 사회 구성 요소들 사이의 상호 투쟁 과정에서 낡은 질서가 해소된다고 말한다. 대회 결의안은 우리, 프롤레타리아트의 당이 이러한 해소를 진행시켜야 하며 민주주의 공화제의 수립만이 낡은 질서의 진정한 해소라는 것, 우리는 이 공화정을 쟁취해야 하며, 이를 위해서, 그리고 완전한 자유를 위해서 전제 정부뿐만 아니라 부르주아지와도 ─ 부르주아지가 우리에게서 우리가 쟁취한 것을 빼앗으려 애쓴다면(그런데 그들은 반드시 그렇게 할 것이다.) ─ 투쟁할 것이라고 말한다. 대회 결의안은 특정 계급에게 정확하게 규정된 가장 시급한 목표를 위해 투쟁하라고 말한다. 협의회 결의안은 여러 세력들의 상호 투쟁에 관해 논하고 있다. 한 결의안은 적극적인 투쟁의 심리를, 다른 결의안은 수동적인 방관의 심리를 표현하고 있다. 하나는 살아 있는 활동의 호소로, 다른 하나는 죽어 있는 궤변으로 가득 차 있다. 두 결의안은 모두 현재 진행 중인 변혁이 우리에게는 겨우 첫걸음일 뿐이며 두 번째 걸음이 뒤이을 것이라고 선언하고 있지만, 이로부터 한 결의안은 가능한 한 더 빨리 이 첫걸음을 통과하여 가능한 한 더 빨리 이를 해소하고 공화제를 쟁취하고 반혁명을 가차 없이 분쇄하여 두 번째 걸음을 위한 기반을 만들어 내야 한다는 결론을 내린다. 반면, 다른 결의안은, 말하자면 이 첫걸음을 장황하게 묘사하는 데로 흘러가서는 그와 관련된 사상들을 (속된 표현을 용서해 주시길) 빨아먹고 있다. 대회 결의안은 오래된, 하지만 영원히 새로운 (민주주의 변혁의 부르주아적 성격에 관한) 맑스주의 사상을 취하고 있는데, 그것은 민주주의 변혁을 위해, 또한 사회주의 변혁을 위해 투쟁하는 선도적 계급의 선도적 임무에 관한 결론을 이끌 서두로서 혹은 그 첫 전제 조건으로 취하는 것이다. 협의회 결의안은 그 서두에 관해서 아는 체 이론을 늘어놓고 계속해서 그것을 곱씹어 중얼거리면서 그저 서두에 머물러 있다.

이러한 차이는 공교롭게도 옛날부터 러시아 맑스주의자들을 두 진영으로, 즉 과거 합법적 맑스주의[13] 시대의 궤변적 진영과 전투적 진영으로, 막 시작되고 있는 대중운동 시대의 경제적 진영과 정치적 진영으로[3] 나누어 온 바로 그 차이다. 일반적으로 계급투쟁에는, 그리고 특히 정치투쟁에는 깊은 경제적 뿌리가 있다는 맑스주의의 옳은 전제에서 "경제주의자들"은 정치투쟁에는 등을 돌려야 하고 그것의 발전을 지체시키고 규모를 좁히고 그런 임무는 경멸해야 한다는 독창적인 결론을 이끌어 냈다. 그와는 반대로 정치주의자들은 똑같은 전제에서 다른 결론, 즉 지금 우리 투쟁의 뿌리가 깊으면 깊을수록 우리는 더 넓고 더 과감하고 더 결정적이며 더 창발적으로 투쟁해야 한다는 결론을 이끌어 냈다. 지금도 우리 앞에는 똑같은 논쟁이 다른 상황에서 변형된 형태를 띠고 벌어지고 있다. 민주주의 변혁은 아직은 결코 사회주의 변혁이 아니라는 것, 민주주의혁명에 "이해관계가 있는" 집단은 무산자들 하나만이 아니라는 것, 민주주의혁명은 총체적으로 부르주아사회 전체의 불가피한 필요와 요구에 가장 깊게 뿌리내리고 있다는 전제에서, 우리는 선도적 계급은 자신의 민주주의적 임무를 더욱더 과감히 제기하고 더욱 예리하게 그것을 끝까지 말해야 하며 공화제라는 직접적인 슬로건을 내세우고 임시혁명정부의 필요성, 반혁명을 가차 없이 분쇄해야 할 필요성에 관한 사상을 선전해야 한다는 결론을 이끌어 낸다. 그런데 우리의 반대파인 신『불꽃』파는 이와 똑같은 전제에서, 민주주의적 결론들을 끝까지 말해서는 안 되며, 실천적 슬로건들 가운데 공화제를 내세우지 않을 수도 있으며, 임시혁명정부의 필요성에 관한 사상을 선전하지 않아도 괜찮고, 제헌의회 소집에 관한 결정도 결정적인 승리라고 부를 수 있으며, 반혁명과의 투쟁 임무를 우리의 적극적인 임무로서 제기하지 않고 "상호 투쟁의 과정"이라는 모호한 (이뿐만 아니라 우리가 곧 보게 되겠지만, 잘못 정식화되어 있는) 구실을 대어 무마시켜도 된다는 결론을 이끌어내고 있다. 이는 정치 활동가들의 말이 아니라 무슨 고문서 보관실의 실장들이 하는 말이 아니겠는가!

여러분이 신『불꽃』파 결의안의 개별적 정식화를 주의 깊게 살펴보면 볼수록, 앞서 지적한 결의안의 기본적 특징들이 여러분 앞에 더욱 명확하게 나타날 것이다. 예를 들면 "정치적으로 해방된 부르주아사회의 구성 요소들이 벌이는 상호 투쟁의 과정"에 관하여 말한 부분이 있다. 결의안이 대상으로 삼은 주제(임시혁명정부)를 기억하면, 우리는 의혹에 싸여 묻게 된다. 상호 투쟁의 과정에 관해 벌써 말했으면서, 부르주아사회를 정치적으로 노예화하고 있는 분자들에 대해서는 어떻게 침묵할 수가 있을까? 협의회파는 자신들이 혁명의 승리를 가정한 이상, 그런 분자들은 벌써 사라졌다고 생각하는 걸까? 그렇게 생각한다면 그것은 일반적으로는 황당한 일이며, 특수하게는 대단한 정치적 소박함이자 정치적 근시안이다. 반혁명에 대한 혁명의 승리 이후에도 반혁명은 사라지지 않으며, 그와 반대로 반혁명은 새롭고 더욱 결사적인 투쟁을 필연적으로 시작할 것이다. 우리의 결의안이 혁명이 승리할 때의 임무를 분석하기 위한 것인 만큼, 우리는 반혁명의 습격에 대한 반격이라는 임무에 (대회 결의안에서 하고 있는 것처럼) 엄청난 주의를 기울여야 할 의무가 있으며, 이런 시급하고 절실하며 당면한 전투적 당의 정치적 임무를 지금의 혁명기 이후에 있을 일, "정치적으로 해방된 사회"가 눈앞에 존재하게 될 그때 있을 일 따위에 대한 일반적인 논의 속으로 사라지게 하지 말아야 할 의무가 있다. "경제주의자들"이 정치는 경제에 종속된다는 일반적 진리를 구실로 당면한 정치적 임무에 대한 자신들의 몰이해를 은폐시켰던 것처럼, 신『불꽃』파는 정치적으로 해방된 사회 내부의 투쟁에 관한 일반적 진리를 구실로 이 사회의 정치적 해방이라는 당면한 혁명적 임무에 대한 자신들의 몰이해를 은폐시키고 있다.

"신분제적 군주 체제 전체를 최종적으로 해소하는 것"이라는 표현을 짚어 보자. 군주주의 제도의 최종적인 해소란 쉬운 러시아어로 하자면 민주주의적 공화제의 수립을 뜻한다. 하지만 우리의 친애하는 마르띠노프와 그의 숭배자들에게 그런 표현은 너무 단순 명료해 보인다. 그들은 꼭 "심화하고" "더 지적으로" 말했으면 한다. 그 결과, 한편으로는 심오한 사상을 향한 우스꽝스러운 헛수고를 하고 있는 것이다. 그런가 하면, 다른 한편으로는 슬로건 대신 묘사가, 앞으로 나아가자는 활기찬 촉구 대신 뒤를 향한 근심 어린 시선 따위가 나온다. 마치 우리 앞에는 살아 있는 사람들, 지금 바로 공화제를 위해 투쟁하고자 하는 사람들이 아니라 sub specie aeternitatis[영원의 관점으로], plusquamperfectum[오래된 과거]의 관점으로 문제를 고찰하는 목석이 된 무슨 미라들이 있는 듯하다.

더 나아가 보자. "…… 부르주아적인 이 혁명의 과제를 실현하는 일을 걸머진 임시정부……." 여기서도 우리의 협의회파가 프롤레타리아트의 정치 지도자들 앞에 제기된 구체적인 문제를 간과하고 있음이 단번에 드러난다. 부르주아혁명의 과제 일반을 실현할 일련의 미래 정부에 관한 문제 앞에서 임시혁명정부라는 구체적인 문제는 그들의 시야에서 멀어져 갔다. 당신들이 만일 문제를 "역사적으로" 검토하고 싶다면, 전혀 "임시적"이지 않은 일련의 정부가 부르주아혁명의 역사적 과제를 실현했다는 것, 심지어 혁명을 짓밟은 정부들조차도 어쨌거나 결국은 이 패배한 혁명의 역사적 과제를 실현하지 않을 수 없었다는 것을 유럽 모든 나라의 사례가 당신들에게 보여 줄 것이다. 하지만 "임시혁명정부"라 부르는 것은 당신들이 말하고 있는 그런 것이 아니다. 인민들 가운데서 선출된 무슨 대표자 기구 같은 것이 아니라 인민 봉기에 의지하여 전복된 정부를 직접적으로 교체하는 혁명기의 정부를 그렇게 부른다. 임시혁명정부는 혁명의 즉각적인 승리를 위한, 그리고 반혁명적 기도들의 즉각적인 격퇴를 위한 투쟁의 기관이지, 결코 부르주아혁명의 역사적 과제 일반을 실현하는 기관이 아니다. 신사 양반들, 우리가 당신들과 함께, 아니면 이러저러한 정부와 함께 부르주아혁명의 대체 어떤 과제를 실현했는지는 후대의 역사가들이 훗날『러시아 고사』에서 규정하라고 맡겨 둡시다. 그것은 30년 뒤에나 해낼 수 있는 일이다. 지금 우리는 공화제를 위한 투쟁을 위한, 그리고 이 투쟁에 프롤레타리아트가 가장 정력적으로 참여하기 위한 슬로건들과 실천적인 지침들을 제공해야만 한다.

이미 지적한 이유들에 의거해 볼 때, 우리가 발췌한 결의안 일부의 마지막 명제들 또한 불만족스럽다. 임시정부가 대립적인 계급들 사이의 상호 투쟁을 "조정해야" 한다는 표현은 극히 적절치 못하며, 그렇지 않다 하더라도 최소한 서툴기 짝이 없는 것이다. 맑스주의자라면, 계급투쟁의 기관이 아니라 그 "조정자" 역할을 하는 정부라는 것이 마치 가능한 것처럼 생각할 근거를 주는 그런 자유주의적『해방』파식 정식화를 사용해서는 안 될 것이다. 정부는 "혁명적 발전을 진전시켜야 할 뿐만 아니라 그 발전의 요소들 중에서 자본주의 제도의 기초를 위협하는 것들과도 맞서 투쟁해야" 한단다. 이 "요소"가 바로 프롤레타리아트이고, 결의안은 그들을 대표하여 말하고 있지 않은가! 현시점에서 프롤레타리아트가 그야말로 어떻게 "혁명적 발전을 진전시켜야"(입헌주의적 부르주아지가 가고자 하는 것보다 더 멀리 혁명적 발전을 이끌고 가야) 할지를 지적하는 대신, 또 부르주아지가 혁명이 쟁취한 것에 등을 돌릴 때에는 부르주아지와 투쟁하기 위한 특정한 방법을 준비해야 한다고 조언하는 대신, 이렇게 하는 대신, 그들은 우리에게 **우리** 활동의 구체적 임무에 관해서는 아무것도 말하지 않고 과정에 대해 일반적으로 묘사하고 있다. 신『불꽃』파가 자신들의 사상을 서술하는 방법을 보면, 변증법 사상과는 거리가 먼 낡은 유물론에 관해 맑스가 (포이어바흐에 관한 그의 유명한 "테제들"에서) 했던 비평이 생각난다. 맑스가 말한 바에 따르면, 철학자들은 세계를 다양한 방식으로 해석해 왔을 뿐이지만 중요한 것은 세계를 **변화시키는** 것이다.[14] 이와 마찬가지로 신『불꽃』파 역시 그들의 눈앞에서 진행되고 있는 투쟁의 과정을 그럭저럭 묘사하고 설명할 수는 있겠지만, 이 투쟁에 올바른 슬로건을 전혀 제공할 수 없다. 열심히 발걸음을 맞춰 걷지만 지도력은 형편없는 그들은 선도적 계급들의 선두에 서서 변혁의 물질적인 조건들을 인식했던 당들이 역사에서 담당할 수 있고 또 담당해야 할 실효성 있는 역할, 지도적이고 향도적인 역할을 무시함으로써 유물론적 역사 이해를 폄훼하고 있다.

5. 어떻게 "혁명을 진전시켜야" 하는가?

결의안의 다음 부분을 인용해 보자.

그러한 조건에서 사회민주주의당은 혁명을 진전시킬 가능성을 최대한 보장하고 부르주아 정당들의 일관성 없고 이기적인 정책에 맞선 투쟁에서 당의 손을 묶지 않고 부르주아 민주주의에 당이 용해되는 것을 방지해 줄 입장을 유지하기 위해 혁명 기간 내내 노력해야 한다.
따라서 사회민주주의당은 임시정부 내에서 권력을 장악하거나 그것을 나눠 갖는 것을 자신의 목표로 삼아서는 안 되며 극히 혁명적인 반대파의 당으로 남아 있어야 한다.

혁명을 진전시킬 가능성을 최대한 보장하는 입장을 취하라는 조언은 매우 마음에 든다. 우리는 단지 이 선의의 조언 외에, 바로 지금, 현재의 정치 정세에서, 인민 대표 소집에 관한 풍문과 추측, 대화와 계획들이 나돌고 있는 이 시기에, 사회민주주의당이 어떻게 혁명을 진전시켜야 할 것인지에 대한 직접적인 지적도 함께 있었으면 하고 바랄 뿐이다. 인민과 짜르의 "합의"라는『해방』파식 이론의 위험성을 이해하지 못하는 사람, 제헌의회를 소집하자는 "결정" 한 가지를 승리라고 부르는 사람, 임시혁명정부의 필요성에 관한 사상을 적극적으로 선전하는 것을 임무로 제기하지 않는 사람이 과연 지금 혁명을 진전시킬 수 있겠는가? 민주주의 공화제라는 슬로건을 뒷전에 버려두는 사람이? 그런 사람들은 실제로는 혁명을 후퇴시키고 있는 것이다. 그것은 **실천적 · 정치적** 측면에서 그들이『해방』파의 입장에 머물러 있기 때문이다. 혁명적 시기에 당의 진정한 당면 임무를 규정하는 전술적 결의안에 공화제를 위한 투쟁이라는 슬로건이 없을 때, 전제 정체를 공화제로 바꿀 것을 요구하는 강령을 인정한 것이 무슨 의미가 있는가? 지금『해방』파의 입장, 입헌주의적 부르주아지의 입장이라는 것의 특징은 사실상, 전 인민적 제헌의회를 소집하자는 결정을 결정적인 승리로 판단하는 반면 임시혁명정부와 공화제에 관해서는 사려 깊게도 침묵한다는 것 아닌가! 혁명을 **진전시키기** 위해서는, 말하자면 혁명을 군주주의적 부르주아지가 진전시킬 수 있는 한계보다 더 멀리 전진시키기 위해서는, 부르주아 민주주의의 "비일관성"을 **배제하는** 슬로건들을 최우선적으로 내세우고 적극적으로 내보여 강조해야 한다. 당면한 시기에 그러한 슬로건들은 오직 두 가지뿐이니, 1) 임시혁명정부와 2) 공화제가 그것이다. 이는 군주주의적 부르주아지가 전 인민적 제헌의회라는 슬로건을 받아들였기 때문이다(해방연맹[15]의 강령을 보라). 그것도 바로 혁명을 숨기기 위해, 혁명의 완전한 승리를 허용하지 않기 위해, 대부르주아지가 짜르 체제와 소상인적 거래를 할 수 있게 하기 위해 받아들였기 때문이다. 그런데 지금 우리는, 협의회가 혁명을 진전시킬 수 있는 단 두 가지 슬로건들 중 공화제라는 슬로건은 완전히 잊어버리고, 임시혁명정부라는 슬로건을 『해방』파의 전 인민적 제헌의회라는 슬로건과 노골적으로 동일시하여 이것도 저것도 모두 "혁명의 결정적인 승리"라고 부르고 있는 것을 보고 있지 않은가!!

그렇다. 우리가 확신컨대, 이는 의심할 나위 없는 사실로서 러시아사회민주주의당의 후대 역사가를 위한 이정표가 될 것이다. 1905년 5월에 열린 사회민주주의당의 협의회는 민주주의혁명을 진전시켜야 할 필요성에 관해 좋은 말들을 하고 있지만 실제로는 혁명을 후퇴시키고 실제로는 군주주의적 부르주아지의 민주주의 슬로건에도 미치지 못하는 결의안을 채택하고 있다.

신『불꽃』파는 프롤레타리아트가 부르주아 민주주의에 용해될 위험성을 우리가 무시하고 있다고 우리를 비난하길 좋아한다. 러시아사회민주주의노동자당 제3차 대회에서 채택한 결의안의 본문에 근거해서 이러한 비난을 증명해 보일 사람을 한번 보았으면 좋겠다. 우리는 우리의 반대파에게 이렇게 대답하겠다. 부르주아사회를 기반으로 활동하는 사회민주주의당은 이런

저런 개별적인 경우들에서 부르주아 민주주의와 나란히 가지 않고서는 정치에 참여할 수가 없다. 이 경우 우리와 당신들의 차이란 우리가 혁명적이고 공화주의적인 부르주아지와 나란히 가면서도 그들에게 합류하지 않는 반면에 당신들은 **자유주의적이고 군주주의적인 부르주아지**와 나란히 가면서 마찬가지로 그들에게 합류하지 않는다는 점이다. 정말 사정이 이러하다.

협의회의 이름으로 나온 당신들의 전술적 슬로건들은 "입헌민주주의"당, 즉 **군주주의적 부르주아지** 당의 슬로건들과 일치한다. 더구나 당신들은, 이런 식으로 사실상 『해방』파의 꽁무니에 있으면서도 이러한 일치를 깨닫지도 인식하지도 못했다.

러시아사회민주주의노동자당 제3차 대회의 이름으로 나온 우리의 전술적 슬로건들은 민주주의적 혁명적, 공화주의적 부르주아지의 슬로건과 일치한다. 이러한 부르주아지와 소부르주아지는 아직까지 러시아에서 대규모 인민의 당으로 결성되지는 못했다.* 하지만 그런 당의 요소들이 존재한다는 것을 의심하는 사람은 러시아에서 지금 무슨 일이 일어나고 있는지를 이해하지 못하는 사람들뿐이다. 우리는 (러시아의 위대한 혁명이 성공적으로 진행될 경우) 사회민주주의당에 의해 조직된 프롤레타리아트뿐만 아니라 우리와 나란히 갈 수 있는 이 소부르주아지 역시 지도할 생각이다.

협의회는 자신들의 결의안에 의해 자유주의 군주주의적 부

---

* "사회주의자혁명가당 당원들"[2]은, 비록 그들의 활동이 갖는 객관적 의의가 바로 혁명적이고 공화주의적인 부르주아지의 임무를 실현하는 것에 귀결된다 할지라도, 그러한 당의 맹아라기보다는 지식인들의 테러리스트 그룹에 가깝다.

르주아지의 수준으로 무의식적으로 내려가고 있다. 당대회는 자신들의 결의안에 의해 혁명적 민주주의의 요소, 즉 거간居間 행위를 할 능력이 아니라 투쟁할 능력을 가지고 있는 혁명적 민주주의 분자를 자신의 수준으로 의식적으로 끌어올리고 있다.

그런 분자는 농민들 가운데 가장 많다. 큰 사회 그룹들을 그들의 정치적 경향에 따라 나누어 볼 때 큰 실수 없이 우리는 혁명적이고 공화주의적인 민주주의를 농민 대중과 동일시할 수 있다. 물론, 이는 노동자계급과 사회민주주의당을 동일시할 수 있는 것과 같은 의미에서, 동일한 단서와 익히 짐작되는 조건들이 있을 때, 그렇다는 뜻이다. 달리 말하자면, 우리는 다음과 같은 표현으로도 우리의 결론을 정식화할 수 있다. 협의회는 혁명적 시기에 자신들의 **범국민적인*** 정치 슬로건들로 인해 무의식적으로 **지주 대중의 수준으로 내려가고** 있다. 당대회는 자신들의 범국민적인 정치 슬로건들로 인해 **농민 대중을 혁명적 수준으로 끌어올리고** 있다. 이 결론이 역설을 향한 집착이라고 우리를 비난하는 사람이 있다면 우리는 그에게 이렇게 요구하겠다. 우리가 혁명을 끝까지 끌고 갈 힘이 없다면, 그래서 단지 짜르가 소집한 대표자 회의, 조롱거리로만 제헌의회라 불리는 그 하나의 형식으로 혁명이 『해방』파식 의미의 "결정적인 승리"로 **종결된다**면, 그렇다면 이는 **지주와 대부르주아지의 요소가 세력을 장악하는 혁명이 될 것**이며, 이와 반대로 우리가 진정으로 거대한 혁

---

* 우리는 별도의 결의안들이 다루고 있는 특별한 농민 슬로건들에 관해 말하고 있는 것이 아니다.

명을 체험할 운명이라면, 역사가 이번에는 "낙태"를 허용하지 않는다면, 우리가 혁명을 끝까지, 『해방』파식 의미, 신『불꽃』파의 의미에서가 아닌 결정적인 승리로까지 끌고 갈 힘이 있다면, 그렇다면 이는 농민적, 프롤레타리아트적 요소가 세력을 장악하는 혁명이 될 것이라는 명제를 반박해 보라고.

어쩌면, 어떤 사람들은 그런 식의 세력 장악에 관한 생각을 허용하는 것이 임박한 혁명의 부르주아적 성격에 대한 확신을 거부하는 것으로 보지 않을까? 우리가 『불꽃』에서 보듯이 이 개념을 그렇게 잘못 사용한다면 충분히 그럴 수도 있다. 그러므로 이 문제를 상세히 기술하는 것이 결코 무익하지는 않을 것이다.

6. 일관성 없는 부르주아지와의 투쟁에서 손이 묶인 처지가 될 위험성은 어떤 쪽에서 프롤레타리아트를 위협하는가?

맑스주의자들은 단연코 러시아의 혁명이 지닌 부르주아적 성격을 확신한다. 이는 무엇을 의미하는가? 그것은 러시아에 불가결한 일이 된 사회경제적 개혁과 정치 제도의 민주주의적 개혁이 그 자체로는 자본주의의 훼손, 부르주아지 지배의 훼손을 의미하지 않을 뿐더러, 그와 반대로 그런 개혁이 자본주의의 폭넓고 급속한 발전, 아시아적 발전이 아닌 유럽적 발전의 기반을 처음으로 진정하게 닦을 것이며 계급으로서의 부르주아지의 지배를 처음으로 가능하게 만들 것임을 의미한다. 사회주의자혁명가당 당원들은 이러한 사상을 이해하지 못한다. 왜냐하면 그들은 상품생산 및 자본주의적 생산의 발전 법칙의 '법' 자도 모르기 때문이다. 심지어 농민 봉기가 완전히 승리한다 해도, 또한 농민의 이익을 위해, 그리고 농민의 바람에 따라 모든 토지를 ("흑토재분배"[16] 혹은 그 비슷한 어떤 것으로) 재분배한다 해도 자본주의는 전혀 절멸되지 않으며, 그와는 반대로 그것이 자본주의의 발전에 자극을 제공하고 농민 자체의 계급분화를 촉진시킨다는 사실을 그들은 모르기 때문이다. 사회주의자혁명가당 당원들 중에서 무의식적인 소부르주아지 이데올로그들이 나오는 것은 이런 진리를 이해하지 못하는 까닭이다. 이 진리를 주장하는 것은 사회민주주의당에게 이론적으로뿐만 아니라 실천적·정치적으로도 지대한 의미를 갖는다. 왜냐하면 프롤레타리아트의 당이 현재의 "일반 민주주의" 운동에서 완전한 계급적 독자성을 가져야 할 의무가 이로부터 나오기 때문이다.

하지만 이로부터 **민주주의 변혁**(그 사회경제적 내용에 따르면 부르주아적인 것)이 프롤레타리아트에게는 **지대한 이익이** 되지 않아야 한다는 결론이 나오는 것은 결코 아니다. 이로부터 민주주의 변혁이 거대 자본가와 금융 세도가, "계몽된" 지주에게 우선적으로 유리한 형태이면서 동시에 농민과 노동자에게도 유리한 형태로 일어날 수는 없도록 해야 한다는 결론이 나오는 것은 결코 아니다.

신『불꽃』파는 부르주아혁명이라는 범주의 의미와 그 의의를 근본적으로 잘못 이해하고 있다. 그들의 논법에는 부르주아혁명은 마치 부르주아지에게 유리한 것만을 제공할 수 있는 그런 혁명일 것이라는 생각이 항상 엿보인다. 그런데 그런 생각보다 더 잘못된 것은 없다. 부르주아혁명은 부르주아적인, 즉 자본주의적인 사회경제체제라는 틀을 벗어나지 않는 혁명이다. 부르주아혁명은 자본주의 발전의 기초를 절멸시키지 않을 뿐더러, 그와는 반대로 그것을 확대하고 심화하면서 자본주의 발전의 요구를 표현한다. 그러므로 이 혁명은 노동자계급의 이해관계뿐만 아니라 전체 부르주아지의 이해관계 역시 표현한다. 자본주의에서는 노동자계급에 대한 부르주아지의 지배가 필연적인 까닭에, 부르주아혁명은 프롤레타리아트의 이해관계보다는 부르주아지의 이해관계를 표현한다고 정당하게 말할 수 있다. 그렇지만 부르주아혁명이 프롤레타리아트의 이해관계를 전혀 표현하지 않는다고 생각하는 것은 터무니없는 일이다. 이 터무니없는 생각은 대대로 내려온 인민주의 이론, 즉 부르주아혁명은 프롤레타리아트의 이해관계와 대립되는 것이며 따라서 부르주아적인 정치적 자유는 우리에게 필요치 않다는 것으로 귀결된다. 아니면, 이러한 생각은 프롤레타리아트가 부르주아 정치, 부르주아혁명, 부르주아 의회 제도에 참여하는 것 일체를 부정하는 무정부주의로 귀결된다. 이론적으로 보자면, 이러한 생각은 상품생산에 기반을 둔 자본주의 발전의 필연성에 관한 맑스주의의 기본 명제들을 잊고 있음을 나타낸다. 맑스주의는 상품생산에 근거를 둔 사회, 문명화한 자본주의 국민들과 교환 관계 속에 있는 사회는 일정한 발전 단계가 되면 필연적으로 자본주의의 길로 접어든다고 가르친다. 맑스주의는 인민주의자들과 무정부주의자들의 몽상, 예를 들자면 러시아가 마치 자본주의적 발전을 비껴갈 수 있다는 듯, 이 자본주의 자체를 기반으로 삼고 그 틀 내에 있는 계급투쟁의 길이 아닌 다른 어떤 길을 통해 자본주의로부터 뛰쳐나가거나 그것을 건너뛸 수 있다는 듯 생각하는 그들의 몽상과 완전히 절연했다.

일반적으로도, 그리고 특수하게는 러시아와 관련해서도 맑스주의의 이 모든 명제는 세세하게 모두 증명되고 일일이 다 설명된 바 있다. 그러므로 자본주의가 가일층 발전하는 것 이외의 다른 어떤 것에서 노동자계급의 구원을 찾으려는 생각은 **반동적**이라는 결론이 이 명제에서 도출된다. 러시아 같은 나라에서는 노동자계급이 자본주의로 인해서라기보다 자본주의의 불충분한 발전으로 인해서 고통 받는다. 이 때문에 노동자계급은 자본주의가 가장 폭넓고 가장 자유롭게, 그리고 가장 빨리 발전하는 것에 **절대적인 이해관계를** 갖고 있다. 폭넓고 자유롭고 빠른 자본주의 발전을 가로막는 지난날의 모든 잔재를 제거하는 것이 노동자계급에게는 절대적으로 **유리하다.** 부르주아혁명이야말로 지난날의 잔재, 농노제의 잔재(전제 정체는 물론이고 군주제 역시 이 잔재에 속한다.)를 가장 단호하게 일소하고 가장 폭넓고 자유롭고 빠른 자본주의 발전을 최대한 완전히 보장하는 변혁이다.

그런 까닭에 **부르주아혁명은 프롤레타리아트**에게 극히 유리하다. 부르주아혁명은 프롤레타리아트를 위해 **절대적으로** 필요하다. 부르주아혁명이 완전하고 결정적일수록, 그것에 일관성이 있으면 있을수록, 사회주의를 위한 프롤레타리아트와 부르주아지의 투쟁은 한층 더 보장될 것이다. 과학적 사회주의의 '과' 자도 알지 못하는 사람들만이 이러한 결론을 새로운 것 혹은 기이하고 역설적인 것으로 여길 수 있다. 그런가 하면, 부르주아

혁명이 어떤 의미에서는 부르주아지보다 프롤레타리아트에게 더 유리하다는 명제 또한 이 결론에서 도출된다. 이 명제가 의심할 나위 없는 것은 바로 다음과 같은 의미에서다. 프롤레타리아트에 맞선 부르주아지로서는 지난날의 몇몇 잔재, 예를 들자면 군주제라든지 상비군 등과 같은 것에 의존하는 것이 유리하다. 부르주아혁명이 지난날의 모든 잔재를 지나치게 단호하게 일소하지 않고 그것들 중 몇몇은 남겨 두는 것, 즉 이 혁명이 너무 일관되지 않고, 끝까지 이르지 않고, 가차 없고 단호하지 않게 하는 것이 부르주아지에게는 유리하다. 이러한 생각을 사회민주주의자들은 조금 다른 식으로 종종 표현하고 있으니, 부르주아지는 스스로를 배신한다고, 부르주아지는 자유의 대의를 배반한다고, 부르주아지는 일관된 민주주의를 할 능력이 없다고 말하는 것이다. 부르주아 민주주의를 지향하는 데 필요한 개혁이 더 서서히, 점진적으로, 조심스럽게, 우유부단하게, 혁명의 길이 아닌 개량의 길을 통해 진행되게 하는 것이 부르주아지에게는 더 유리하다. 이 개혁이 (군주제 같은) 농노제의 "존경할 만한" 제도들에 대해 가능한 한 조심스러워 하고, 평민들, 즉 농민과 특히 노동자들의 혁명적 자주 활동, 주도력, 정력들을 가능한 한 덜 발전시키게 하는 것이 부르주아지에게는 더 유리하다. 그렇지 않으면, 프랑스인들이 말하듯 "소총을 한쪽 어깨에서 다른 쪽으로 옮기는 것", 즉 부르주아혁명이 노동자들에게 공급한 그 무기를 바로 부르주아지 자신을 향해 겨누고, 그 혁명이 제공한 자유와 농노제를 일소한 기반 위에서 생겨날 민주주의 제도들을 부르주아지 자신에 맞서도록 겨누는 것이 노동자들에게 한층 더 쉬워질 것이기 때문이다.

　이와 반대로, 노동자계급에게는 부르주아 민주주의를 지향하는 데 필요한 개혁이 이른바 개량이 아니라 혁명의 길을 통해 일어나게 하는 것이 더 유리하다. 개량의 길은 지체, 지연의 길이며 국민이라는 유기체의 썩은 부분을 괴로울 정도로 서서히 없애 가는 방법이기 때문이다. 그 썩은 부분들 때문에 가장 먼저, 그리고 가장 많이 고통 받는 것이 프롤레타리아트와 농민이다. 혁명의 길은 프롤레타리아트에게 가장 고통이 덜하고 빠른 수술 방법이자 썩은 부분들을 직접 도려내는 방법이고, 군주제와 그에 합치하는 제도들, 즉 혐오스럽고 추악하며 부패했으며 그 부패로 공기를 오염시키는 제도들에 대해 가장 덜 양보하는 신중한 방법이다.

　우리의 부르주아적 자유주의 언론이 혁명적 길의 가능성에 애도의 뜻을 표하고, 혁명을 무서워하며, 혁명이 일어날 것이라고 짜르를 위협하고, 혁명을 피하기 위해 신경 쓰고, 개량의 길의 기초인 알량한 개량들을 찬양하여 굽실거리고 아첨하는 것은 검열을 생각한다는 한 가지 이유에서만도, 또한 유대인을 두려워해서만도 아니고, 바로 이 때문이다. 이러한 관점에 서 있는 것은 비단 『러시아 통보』, 『조국의 아들』, 『우리의 삶』, 『우리 시대』만이 아니다. 비합법이지만 자유로운 『해방』도 그러하다. 자본주의사회 내의 계급으로서의 부르주아지의 처지 그 자체가 민주주의 변혁에서 부르주아지의 일관성 없음을 필연적으로 야기한다. 계급으로서의 프롤레타리아트의 처지 그 자체가 프롤레타리아트를 일관된 민주주의자가 되도록 강제한다. 부르주아지는 프롤레타리아트가 강화될 위험을 안고 있는 민주주의적 진보를 두려워하여 뒤를 둘러본다. 프롤레타리아트는 잃을 것이라곤 사슬 외에는 아무것도 없다. 아니, 그들은 민주주의에 힘입어 온 세상을 얻을 것이다.[17] 그러므로 부르주아혁명이 민주주의 개혁에서 일관성을 지니면 지닐수록, 그 혁명이 부르주아지에게만 배타적으로 유리한 것에 그치는 일은 훨씬 적어진다. 부르주아혁명이 일관성을 지니면 지닐수록, 그 혁명은 민주주의 개혁에서 프롤레타리아트와 농민의 이익을 더 많이 보장한다.

맑스주의는 프롤레타리아트에게 부르주아혁명을 피하지 말고, 그 혁명에 불참하지 말고, 부르주아지에게 혁명의 지도권을 맡기지 말라고, 그와 반대로 가장 정력적으로 거기에 참여하고 일관된 프롤레타리아트 민주주의를 위해, 혁명을 끝까지 이끌고 가기 위해 가장 단호하게 투쟁하라고 가르친다. 우리는 러시아의 혁명이 지닌 부르주아 민주주의적 틀로부터 뛰쳐나갈 수는 없지만, 이 틀을 엄청난 규모로 확대시킬 수 있다. 우리는 프롤레타리아트의 이해관계를 위해, 그들에게 직접 필요한 것을 얻기 위해, 그들이 미래의 완전한 승리에 대비하여 힘을 준비할 조건들을 얻기 위해 이 틀의 범위 내에서 투쟁할 수 있고, 그렇게 해야만 한다. 부르주아 민주주의에도 여러 가지가 있다. 보통선거권을 "청원하면서도" 소리 없이 비밀리에 짜르 체제와 난도질당한 헌법을 거래하는, 상원의 지지자인 군주주의자 지방의원도 부르주아 민주주의자다. 손에 무기를 들고 지주와 관리들에 반대하여 나선 농민, "소박한 공화주의"로 "짜르를 쫓

아내자고"* 제안하는 농민도 부르주아 민주주의자다. 부르주아 민주주의적 질서에는 독일과 같은 것도, 영국과 같은 것도 있다. 오스트리아 같은 것도, 미국이나 스위스 같은 것도 있다. 민주주의 변혁의 시대에 민주주의의 이러한 수준 차이, 여러 가지 민주주의 형태의 다양한 성격의 차이를 알아차리지 못한 채 이 모든 것이 다 "부르주아혁명"이고 "부르주아혁명"의 성과라며 "잘난 척 이론을 늘어놓는 것"에 그치는 맑스주의자가 있다니, 참 훌륭하시다.

그런데 바로 그렇게 잘난 척하는 사람들, 자신의 근시안을 과시하는 사람들이 우리의 신『불꽃』파다. 일관성 없는 부르주아 민주주의와 일관된 프롤레타리아 민주주의 사이의 차이에 관해서는 말할 것도 없고, 공화주의적-혁명적 부르주아 민주주의와 군주주의적-자유주의적 부르주아 민주주의 사이의 차이를 끌어낼 줄 알아야 하는 그 지점에서, 그러한 때에 그들은 혁명의 부르주아적 성격에 관한 논의에 그치고 있는 것이다. 당면한 혁명에서 **민주주의적 지침**을 제공하고, 스뜨루베 씨와 그 일파의 이랬다저랬다 하는 슬로건들과는 다른 **선도적인 민주주의** 슬로건들을 강조하고, 지주와 공장주들의 자유주의적 브로커 장사와는 다른 프롤레타리아트와 농민의 진정으로 혁명적인 투쟁이라는 당면 임무를 직접적이고 예리하게 지적하는 것이 문제인 때에 그들은 — 그들은 실제로 "상자 속의 사람들"[18]이 된 것 같다. — "대립적인 계급들 사이의 상호 투쟁의 과정"이

---

* 『해방』 제71호 337쪽 주2를 보라.

라는 우수에 찬 대답에 만족스러워 한다. 자, 신사 양반들, 지금 당신들이 알아차리지 못하고 있는 문제의 핵심은 이것이다. 우리의 혁명이 진정으로 장대한 승리로 완수될 것인가 아니면 겨우 알량한 거래로 끝날 것인가. 그 혁명이 프롤레타리아트와 농민의 혁명적 민주주의 독재에까지 이를 것인가 아니면 자유주의적 시쁘프 식 헌법을 얻는 것에 "힘을 소진할" 것인가, 하는 것 말이다!

언뜻 보면, 이 문제를 제기함으로써 우리가 주제를 완전히 이탈한 것이 아닌가 하는 느낌이 들 수도 있다. 그러나 언뜻 보기에만 그럴 수 있다. 사실 러시아사회민주주의노동자당 제3차 대회의 사회민주주의 전술과 신『불꽃』파 협의회가 정한 전술 사이의 원칙적인 차이, 이제는 이미 충분히 명백해진 그 차이의 뿌리가 바로 이 문제에 있다. 이 신『불꽃』파는 노동자의 당에게 더 이상 비할 바 없이 복잡하고 중요하며 절실한 혁명기의 당의 전술 문제들을 결정하면서 "경제주의"의 과오를 부활시킴으로써, 이제는 이미 두 걸음이 아니라 세 걸음 후퇴했다. 이 문제를 우리가 온 주의를 다 기울여 반드시 분석해야 하는 것은 바로 이 때문이다.

신『불꽃』파 결의안에서 우리가 발췌한 부분에는 사회민주주의당이 부르주아지의 일관성 없는 정책과 투쟁하면서 자신의 손을 묶지 않을까, 당이 부르주아 민주주의에 용해되지 않을까 하는 위험성을 지적한 내용이 있다. 이런 위험성에 관한 생각은 신『불꽃』파 특유의 모든 문헌들을 일관되게 관통하고 있으니, ("경제주의"로의 전환이라는 요소 앞에서 당 분열 과정의 자잘

한 다툼들이 완전히 뒷전으로 물러선 이후) 당 분열 과정의 모든 원칙적 입장의 진짜 핵심이 그러한 생각이다. 그러므로 우리는 이런 위험성이 정말 존재하며, 바로 지금, 러시아의 혁명이 절정에 이르고 있는 시점에서 특히 심각한 것이 되었다고 매우 솔직하게 인정하는 바다. 사회민주주의당의 이론가들 혹은 정치 평론가들 — 나 자신에 대해 말할 때 나는 이 말을 선호하는 편인데 — 인 우리는 모두 실제로 이런 위험성이 어떤 **쪽**에서 우리를 위협하고 있는지를 분석해야 할 절박하고도 극히 막중한 임무를 걸머지고 있다. 우리의 견해차의 원천은 그런 위험성이 존재하느냐 않느냐 하는 논쟁이 아니라, 그런 위험성을 초래하고 있는 것이 "소수파"의 이른바 꽁무니주의냐 아니면 "다수파"의 이른바 혁명주의냐 하는 논쟁에 있기 때문이다.

허황된 소문과 오해들을 불식시키기 위하여, 우리는 무엇보다 먼저 우리가 말하는 위험성은 사태의 주관적인 측면이 아니라 객관적인 측면에 놓인 것이며, 사회민주주의당이 투쟁에서 취할 형식적 입장에 있는 것이 아니라 현재의 혁명 투쟁 전체의 물적 결과에 놓여 있다는 점을 언급하겠다. 문제는 이런저런 사회민주주의 그룹들이 부르주아 민주주의에 용해되기를 바라는가, 자신들이 용해되고 있다는 것을 그들이 인식하고 있는가 하는 것이 아니다. 그런 점을 말하는 것이 아니다. 우리는 사회민주주의자들 중 누군가 그런 바람을 갖고 있으리라는 미심쩍은 생각은 조금도 하지 않는다. 그리고 문제는 결코 그런 바람에 있는 것도 아니다. 이와 마찬가지로, 이런저런 사회민주주의 그룹들이 혁명 기간 내내 부르주아 민주주의로부터 자신들의 형

식적 독자성, 개별성, 독립성을 유지할 것인가 하는 것도 문제
가 아니다. 그들은 이러한 "독자성"을 선언할 수 있음은 물론이
고 형식적으로 그것을 유지할 수도 있으나, 그럼에도 불구하고
일관성 없는 부르주아지와 투쟁하면서 그들의 손이 묶이게 되
는 결과가 나올 수도 있다. 사회민주주의당의 형식적인 "독자성"
에도 불구하고, 그 당의 완전한 조직적, 당적 개별성에도 불구
하고, 실제로는 당이 독자적이지 않게 되고 프롤레타리아트의
독자성을 사건의 진행 속에 각인시킬 힘이 없게 되고, 결국 총
괄적으로, 종국적으로는 부르주아 민주주의에 "용해되었음"이
어쨌거나 역사적 사실이 될 정도로 당이 취약해지는 것이 혁명
의 최종적인 정치적 결과가 될 수도 있다.

바로 여기에 진정한 위험성이 있다. 그렇다면 이제 그것이
어떤 쪽에서 우리를 위협하고 있는지, 즉 우리가 생각하듯이 신
『불꽃』으로 대표되는 사회민주주의당의 우편향에서인지, 아니
면 신『불꽃』파가 생각하듯이 "다수파", 『전진』 등으로 대표되
는 당의 좌편향에서인지, 이 점을 살펴보자.

우리가 이미 지적한 바 있듯이, 이 문제는 다양한 사회 세력
들의 행동이 객관적으로 조합되는 바에 따라 해결된다. 이 세력
들의 성격은 이론적으로는 러시아의 현실을 맑스주의적으로 분
석함으로써 규정되는 것이지만, 지금은 혁명의 진행 과정에서
드러난 그룹과 계급의 공개적인 행동에 의해 실천적으로 규정
되고 있다. 그러므로 여기, 우리가 겪고 있는 시대보다 훨씬 오
래 전에 맑스주의자들이 행한 이론적 분석 일체와 혁명적 사태
의 발전을 실천적으로 관찰한 일체의 것이 우리에게 보여 주는

바는 객관적인 조건으로 볼 때 러시아에서는 혁명의 두 가지 진행과 결말이 있을 수 있다는 것이다. 러시아의 경제 제도와 정치 제도가 부르주아 민주주의적 방향으로 개혁되는 것은 필연적이며 불가피하다. 그러한 개혁을 가로막을 수 있는 힘은 지상에 없다. 하지만 이 개혁을 창출하고 있는 현존 세력들의 행동이 어떻게 조합되느냐에 따라 이 개혁의 두 가지 결과 혹은 두 가지 형태가 나올 수 있다. 1) 사태가 "짜르 체제에 대한 혁명의 결정적인 승리"로 끝나거나 2) 결정적인 승리를 위한 힘이 부족하여, 부르주아지의 가장 "일관성 없고" 가장 "이기적인" 분자들과 짜르 체제 간의 거래로 사태가 끝나거나 둘 중 하나인 것이다. 어느 누구도 예측할 수 없는 끝없이 다양하고 세세한 사건들과 조합들은 모두 총괄적으로는 바로 이 두 가지 결말 중 하나로 귀결된다.

이제 이 결말들을 첫째, 그 사회적 의의라는 관점에서, 그리고 둘째, 그 두 가지 결말에서의 사회민주주의당의 처지(당의 "용해" 혹은 그 "손의 묶임")라는 관점에서 고찰해 보자.

"짜르 체제에 대한 혁명의 결정적인 승리"라는 것이 대체 무엇인가? 신『불꽃』파는 이 표현을 사용하면서도 그 당면한 정치적 의미라는 점에서조차 이 말을 이해하지 못한다는 것을 우리는 이미 알게 되었다. 이 개념의 계급적 내용에 대한 그들의 이해는 더더욱 눈에 띄지 않는다. 우리들, 맑스주의자들은, (가뿐 같은) 수많은 혁명적 민주주의자들이 지금 현혹되고 있는 "혁명"이니 "러시아의 위대한 혁명"이니 하는 단어들에 어떤 식으로든 현혹되어서는 안 된다. 우리는 어떤 현실적인 사회적 힘들이 "짜르 체제"(이는 충분히 현실적이고 모든 사람들이 충분히 이해할 수 있는 하나의 힘이다.)에 대립하고 있는지, 그리고 짜르 체제에 대해 "결정적인 승리"를 거둘 능력이 그들에게 있는지를 정확히 이해해야 한다. 대부르주아지, 지주, 공장주, 그리고 『해방』파의 뒤를 따르는 "결사"는 그러한 힘이 될 수 없다. 그들은 결정적인 승리를 바라지조차 않는다는 것을 우리는 안다. 그들은 자신들의 계급적 처지 때문에 짜르 체제와 단호한 투쟁을 할 능력이 없음을 우리는 안다. 단호한 투쟁에 나서기에는, 사적 소유, 자본, 토지 등 그들의 발 위에 얹힌 포환이 너무 무거운 탓이다. 짜르 체제를 절멸시키려고 노력할 수 있기에는, 프롤레타리아트와 농민에 맞선 경찰, 관료, 군사력을 가진 짜르 체제가 그들에게 너무 필요한 탓이다. "짜르 체제에 대한 결정적인 승리"를 거둘 수 있는 능력을 가진 유일한 힘은 오직 인민, 즉 프롤레타리아트와 농민뿐이다. 그들이 도시와 농촌의 소부르주아지(이들 또한 "인민"이다.)를 각각 끌어안으면서 기본적인 거대한 힘을 갖춘다면 말이다. "짜르 체제에 대한 결정적인 승리"란 **프롤레타리아트와 농민의 혁명적 민주주의 독재다.** 이미 오래전에 『전진』이 지적한 이 결론에서 우리의 신『불꽃』파가 벗어날 길은 아무 데도 없다. 다른 어느 누구도 짜르 체제에 대해 결정적인 승리를 거둘 수 없는 탓이다.

그리고 이러한 승리는 바로 독재가 될 것이다. 말하자면 그것은 어떤 "합법적"이고 "평화적인 방법으로" 만들어진 제도들이 아니라, 군사력에, 대중의 무장에, 봉기에 필연적으로 의존할 것이 틀림없다는 것이다. 그것은 독재일 수밖에 없다. 프롤레타리아트와 농민을 위해 반드시, 그리고 즉각적으로 필요한 개혁을 실현하면 지주도, 대부르주아도, 짜르 체제도 결사적인 저항을 하게 될 것이기 때문이다. 독재 없이 이 저항을 분쇄하고 반혁명적 기도들을 격퇴하는 것은 불가능하다. 하지만 이것은 물론 사회주의 독재가 아니라 민주주의 독재가 될 것이다. 이 독재는 (혁명적 발전의 일련의 중간 단계들 없이는) 자본주의의 기초를 건드릴 수 없을 것이다. 그것은 기껏해야 농민을 위해 토지 소유를 근본적으로 재분배하고, 공화제에 이를 때까지 일관되고 완전한 민주주의를 실행하고, 농촌 생활뿐만 아니라 공장 생활에서도 모든 아시아적, 노예적 특징들을 뿌리째 뽑고, 노동자의 처지를 중대히 개선하여 그들의 생활수준을 향상시키는 기초를 닦고, 끝으로, last but not least[순서상 마지막이라는 것이지 중요도가 그렇다는 것은 아니다], 혁명의 불길을 유럽으로 옮길 수 있을 것이다. 그러한 승리는 아직은 결코 우리의 부르주아혁명을 사회주의혁명으로 만들지 못한다. 민주주의 변혁은 부르주아적인 사회관계, 경제관계의 틀을 직접적으로 벗어나지 못한다. 하지만 그럼에도 불구하고 그러한 승리는 러시아와 전세계의 향후 발전에서 거대한 의의를 가지게 될 것이다. 러시아에서 시작된 혁명이 그렇게 결정적으로 승리하는 것 이상으로 세계 프롤레타리아트의 혁명적 에너지를 그토록 끌어올리고 프롤레타리아트를 완전한 승리로 이끄는 길을 힘차게 단축시킬 수 있는 것은 아무것도 없다.

그러한 승리가 얼마만큼 개연성이 있는가는 별개의 문제다. 우리는 결코 이에 대한 무모한 낙관주의에 기울어져 있지 않으며, 이 임무의 엄청난 어려움을 결코 잊지 않고 있다. 하지만 투쟁에 나선 이상, 우리는 승리하기를 바라야 하며 진정한 승리의 길을 적시할 수 있어야 한다. 이러한 승리를 가져올 수 있는 경향은 논쟁의 여지도 없이 현실로 존재한다. 사실, 프롤레타리아트 대중에 대한 우리 사회민주주의자들의 영향력은 아직은 매우, 정말 매우 부족하다. 농민 대중에 대한 혁명적 영향력은 그야말로 아무것도 아니다. 프롤레타리아트, 그리고 특히 농민의 분산성, 미성숙, 무지는 여전히 엄청나기 그지없다. 하지만 혁명은 이들을 급속도로 단결시키고 급속도로 계몽시킨다. 혁명의 발전은 그 한 걸음 한 걸음이 대중을 각성시키며, 혁명의 진정하고 절실한 이해관계를 전체적으로, 그리고 일관되게 표현하는 유일한 강령, 즉 혁명 강령을 지지하는 바로 그 편으로, 제어할 수 없는 힘으로 그들을 끌어당긴다.

작용과 반작용은 크기가 같다는 것이 역학의 법칙이다. 역사에서 혁명의 파괴력 역시 자유에 대한 지향이 어느 정도나 강하고 지속적으로 진압되었는가, 낡아 빠진 "상부구조"와 현대의 살아 있는 힘들 사이의 모순이 어느 정도나 심원한가 하는 사실에 상당 정도 의존한다. 게다가 국제정치 정세도 많은 측면에서 러시아의 혁명에 더 이상 유리할 수 없을 만큼 유리하게 조성되고 있다. 노동자와 농민의 봉기는 이미 시작되었다. 그것은 분산되어 있고 자생적이며 미약하지만, 결정적인 승리를 거둘 수 있고 결정적인 승리를 향해 나아갈 세력들이 현존한다는 점을 논쟁의 여지없이, 절대적으로 증명하고 있다.

이 세력들이 충분치 않을 경우, 짜르 체제는 불리긴 추종자들과 스뜨루베 추종자들이 양쪽 끝에서 이미 준비하고 있는 거래를 성공적으로 성사시킬 것이다. 그럴 경우 사태는 난도질당한 헌법으로 끝나든지, 아니면 심지어 — 정말 최악의 최후일 경우 — 그런 헌법의 패러디로 끝날 것이다. 낙태아, 조산아, 사생아에 불과할망정, 이것 역시 "부르주아혁명"이 될 것이다. 사회민주주의당은 환상을 품지 않으며, 부르주아지의 이랬다저랬다 하는 본성을 알고 있기에 의기소침하지 않으며, 심지어 부르주아 입헌주의적인 "시뽀프 식" 평안이라는 잿빛 나날 속에서도 프롤레타리아트를 계급적으로 교육시키는 확고하고 끈기 있으며 철저한 작업을 포기하지 않을 것이다. 그러한 결말은 19세기 유럽의 거의 모든 민주주의혁명의 결말과 어느 정도 비슷할 것이며, 그렇게 되면 우리 당의 발전은 어렵고 힘겹고 기나긴, 그렇지만 우리가 알고 있는 잘 다져진 길을 따라 이루어질 것이다.

그렇다면 이제 다음과 같은 질문이 나온다. 이 두 가지 가능한 결말 중 어떤 것이 이루어질 때 사회민주주의당이 일관성 없고 이기적인 부르주아지에 맞서 사실상 손이 묶인 처지에 놓이게 되는가? 사실상 부르주아 민주주의에 "용해"되거나 아니면 거의 용해된 것과 마찬가지 처지에 놓이게 되는가?

이 질문을 명료하게 제기하는 것만으로도 한 치의 머뭇거림 없이 거기에 대한 답을 내릴 수 있을 것이다.

부르주아지가 짜르 체제와의 거래를 통해 러시아의 혁명을 좌절시키는 데 성공할 경우, 사회민주주의당은 일관성 없는 부르주아지에 맞서 사실상 손이 묶인 처지가 될 것이다. 그럴 경우 사회민주주의당은 부르주아 민주주의에 "용해"되는 처지가 될 것인데, 이는 프롤레타리아트가 자신의 선명한 자취를 혁명에 아로새기는 데 실패하고, 프롤레타리아트의 방식으로, 혹은 언젠가 맑스가 말한 것처럼 "평민적 방식으로" 짜르 체제에 빚을 갚는 데 실패할 것이라는 의미에서다.

혁명이 결정적인 승리를 거둘 경우, 우리는 자꼬뱅[19] 식으로, 혹은 원하신다면 평민적 방식으로 짜르 체제에 빚을 갚을 것이다. 맑스는 1848년에 그 유명한 『신라인신문』에 이렇게 썼다. "프랑스의 테러리즘 전체는 부르주아지의 적들인 절대주의, 봉건제, 속물적 시민층을 끝장내기 위한 평민적 방식과 다름없었다."[20] (메링이 출간한 *Marx' Nachlass* 제3권 211쪽을 보라.) 민주주의혁명 시대에 "자꼬뱅주의"라는 허수아비로 사회민주주의자인 러시아 노동자들을 겁주고 있는 사람들은 맑스가 한 이 말의 의미에 대해 한 번이라도 생각해 본 적이 있는 걸까?

현대의 러시아사회민주주의당의 지롱드파[21]인 신『불꽃』파는 『해방』파에 합류하지는 않고 있지만, 그 슬로건들의 성격에 비추어 볼 때 사실상 『해방』파의 꽁무니에 있다. 그런데 『해방』파, 즉 자유주의 부르주아지의 대표자들은 부드럽게, 개량적으로 — 귀족제, 귀족, 궁정의 비위를 거스르지 않게 굽실거리면서 —, 어떤 혼란도 없이 조심스럽게, 상냥하고 예의 바르게, 흰 장갑(살인마 니꼴라이가 베푼 "인민 대표들"(?)의 환영 연회장에서 끼기 위해 뻬뜨룬께비치 씨가 터키 무법자의 손에서 빼앗아 꼈던 것과 같은 장갑.[22] 『프롤레타리아』 제5호를 보라.)을 끼고 신사적으로 전제 정체를 청산하고 싶어 한다.

현대의 사회민주주의당의 자꼬뱅파 — 볼셰비끼, 『전진』파,

대회파, 혹은 『프롤레타리아』파 등등 정말 뭐라고 말해야 할지 모르겠다. ― 는 자신의 슬로건들을 통해 혁명적이고 공화주의적인 소부르주아지, 그리고 특히 농민을 완전한 계급적 고유성을 유지하고 있는 프롤레타리아트의 일관된 민주주의의 수준까지 끌어올리고 싶어 한다. 그들은 인민, 즉 프롤레타리아트와 농민이 자유의 적들을 가차 없이 절멸하고 그들의 저항을 힘으로 진압하고 농노제와 야만, 인간에 대한 모욕이라는 저주받은 유산에 어떤 양보도 하지 않고서 "평민적 방식으로" 군주제와 귀족제를 청산하기를 바란다.

이는 물론, 우리가 반드시 1793년의 자꼬뱅파를 모방하고 그들의 관점과 강령, 슬로건들 및 행동 방법을 취하고 싶다는 의미가 아니다. 그와 비슷한 점도 전혀 없다. 우리에게는 낡은 것이 아닌 새로운 강령이 있으니, 러시아사회민주주의노동자당의 최소 강령이 그것이다.[6] 우리에게는 새로운 슬로건이 있으니, 프롤레타리아트와 농민의 혁명적 민주주의 독재가 그것이다. 혁명이 진정으로 승리할 때까지 우리가 살아남는다면, 우리는 완전한 사회주의 변혁을 지향하는 노동자계급의 당이 가진 성격과 목표에 합치하는 새로운 행동 방법들을 또한 갖게 될 것이다. 우리는 단지 이런 대비를 통해 18세기의 선도적 계급인 부르주아지의 대표자들이 이를테면 지롱드파와 자꼬뱅파로 분열되었던 것과 똑같이 20세기의 선도적 계급인 프롤레타리아트의 대표자들, 즉 사회민주주의자들 역시 두 진영(기회주의와 혁명주의)으로 분열되어 있다는 사실을 설명하고 싶을 뿐이다.

오직 민주주의혁명이 완전히 승리할 경우에만 프롤레타리아트는 일관성 없는 부르주아지에 대한 투쟁에서 손이 묶이지 않을 것이며, 오직 그 경우에만 부르주아 민주주의에 "용해되지" 않고 혁명 전체에 프롤레타리아트의, 혹은 더 정확히 말하면 프롤레타리아트와 농민의 자취를 아로새길 것이다.

한마디로 말해서, 일관성 없는 부르주아 민주주의에 대한 투쟁에서 손이 묶이지 않으려면, 프롤레타리아트는 농민을 혁명적 자각의 수준으로 끌어올리고 그들의 일격을 지도하고, 그렇게 해서 일관된 프롤레타리아 민주주의를 독자적으로 수행할 수 있을 만큼 충분히 의식적이고 강력해야만 한다.

신『불꽃』파가 그처럼 형편없이 해결해 놓은 문제, 일관성 없는 부르주아지에 대한 투쟁에서 손이 묶일 위험성이라는 문제의 실상은 바로 이런 것이다. 부르주아지는 항상 일관성이 없을 것이다. 부르주아 민주주의를 인민의 진실한 벗으로 간주할 수 있는 조건들 혹은 조항들을 제시하려고 시도하는 것*보다 더 소박하고 쓸모없는 짓은 없다. 민주주의를 위한 일관된 투사가 될 수 있는 것은 프롤레타리아트밖에 없다. 프롤레타리아트가 민주주의를 위한 승리 투사가 될 수 있는 것은 그들의 혁명 투쟁에 농민 대중이 결합한다는 조건 아래에서만이다. 프롤레타리아트에게 이렇게 할 힘이 충분치 않다면, 부르주아지가 민주주의혁명의 수장이 되어 그 혁명에 일관성 없고 이기적인 성격을 부여할 것이다. 프롤레타리아트와 농민의 혁명적 민주주의 독

---

* 스따로베르가 제3차 대회에서 폐기된 자신의 결의안[23]에서 시도하려 한 바 있고, 협의회가 그에 못지않게 실패작인 결의안을 통해 시도하고 있는 것처럼.

재 외에 이를 막을 수 있는 다른 수단은 없다.

이렇게 해서, 우리는 신『불꽃』파의 전술이야말로 그 객관적 의의로 보아 **부르주아 민주주의의 손에 놀아나고 있다**는 의심할 수 없는 결론에 도달하게 된다. 국민투표, 합의의 원칙, 당과 당 문헌의 분리 등에까지 이르고 있는 조직상의 무정형을 선전하는 것, 무장봉기의 임무를 폄훼하는 것, 혁명적 프롤레타리아트의 전 인민적 정치 슬로건과 군주주의적 부르주아지의 전 인민적 정치 슬로건을 혼동하는 것, "짜르 체제에 대한 혁명의 결정적인 승리"의 조건을 왜곡하는 것, 이 모든 것들이 전부 혁명적 시기의 바로 그 꽁무니주의 정치를 낳고 있으니, 그 정치는 승리를 향한 유일한 길을 지적하는 대신, 인민 가운데 혁명적이고 공화주의적인 모든 분자들을 프롤레타리아트의 슬로건에 결합시키는 대신, 프롤레타리아트를 당황케 하고 그 조직을 와해시키며 프롤레타리아트의 의식에 혼란을 조장하고 사회민주주의 당의 전술을 폄훼하고 있다.

———

결의안의 분석을 근거로 하여 우리가 도달한 이 결론을 확인하기 위하여, 다른 측면에서 바로 그 문제에 다가가 보자. 첫째, 어리석고도 노골적인 한 멘셰비끼가 그루지야의 『사회민주주의자』에서 신『불꽃』파의 전술을 어떻게 묘사하고 있는지 살펴보자. 둘째, 현재의 정치 상황에서 신『불꽃』의 슬로건들을 실제로 누가 이용하고 있는지를 살펴보자.

7. "정부에서 보수주의자들을 제거하는" 전술

우리가 앞에서 거론한 바 있는, 멘셰비끼 찌플리스 "위원회"의 기관지(『사회민주주의자』제1호)에 실린 논설은 「국민의회와 우리의 전술」이라 불리고 있다. 그 논설의 필자는 우리의 강령을 아직은 완전히 잊지 않은 까닭에 공화제 슬로건을 내세우고는 있다. 하지만 그는 전술에 대해 다음과 같은 식으로 논하고 있다.

이 목표(공화제)를 달성하기 위한 방식으로 두 가지를 지적할 수 있다. 정부가 소집하는 국민의회는 아예 감안하지 않고 무력으로 정부를 타도하여 혁명정부를 구성하고 제헌의회를 소집하는 것이 한 가지 방식이다. 아니면, 국민의회를 우리의 행동 중심으로 선포하고 그 구성원과 활동에 무력으로 영향을 미치며 국민의회가 스스로를 제헌의회로 선포하도록 힘으로 강제하거나 국민의회를 통해 제헌의회를 소집하는 것이 다른 방식이다. 이 두 가지 전술 사이에는 매우 첨예한 차이가 있다. 그렇다면 어떤 것이 우리에게 더 유리한지 살펴보자.

러시아의 신『불꽃』파는 우리가 분석한 결의안을 통해 후에 구체화한 사상을 바로 이렇게 서술하고 있다. 이 글이 쓰인 것은 불리긴의 "초안"이 아직 세상에 전혀 드러나지 않았던 쓰시마 전투 이전이었다는 사실에 주의하자.[24] 심지어 자유주의자들까지도 인내심을 잃고 합법 언론의 지면을 통해 불신을 표현하고 있었는데, 사회민주주의자인 신『불꽃』과 인사는 자유주의자들보다 더 신뢰에 차 있었던 것이다. 그는 국민의회가 "소집된다"라고 선언하면서 아직 존재하지도 않는 이 국민의회(어쩌면 "국가두마", 아니면 "법률 자문 회의"?)를 우리의 행동 중심으로 삼자고 제안할 정도로 짜르를 믿고 있다. 협의회에서 채택한 결의안의 필자들보다 더 노골적이고 더 직선적인 우리의 찌플리스인은 두 가지 "전술들"을 동일시하는 것이 아니라(이 전술들을 서술하고 있는 그의 순진함은 타의 추종을 불허한다.), 두 번째 것이 "더 유리하다"라고 선언한다. 들어 보시라.

첫 번째 전술. 여러분도 아시다시피, 다가오는 혁명은 부르주아혁명이다. 즉 그 혁명이 지향하는 현 제도의 변화는 프롤레타리아트만이 아니라 부르주아사회 전체의 이해관계가 걸려 있는 변화다. 모든 계급이, 심지어 자본가들 스스로도 정부에 반대하는 쪽에 서 있다. 투쟁하는 프롤레타리아트와 투쟁하는 부르주아지는 어떤 의미에서는 함께 가고 있고, 서로 다른 방향에서 함께 전제 정부를 공격하고 있다. 여기서 정부는 완전히 고립되어 사회의 공감을 잃은 상태다. 따라서 이런 정부를 절멸시키기는〈??〉[25] 무척 쉽다. 러시아의 전체 프롤레타리아트는 혼자 힘으로 혁명을 일으킬 수 있을 만큼 의식적이거나 조직되어 있지는 못하다. 만일 프롤레타리아트가 이렇게 할 수 있다면, 프롤레타리아트는 부르주아혁명이 아니라 프롤레타리아혁명(사회주의혁명)을 일으킬 것이다. 따라서 정부가 동맹자 없이 남게 되어 반대파를 분열시키거나 부르주아지를 자기 진영에 결합시키지 못하고 프롤레타리아트를 고립시키지 못하게 하는 것에 우리의 이해관계가 걸려 있다…….

그러니까 짜르 정부가 부르주아지와 프롤레타리아트를 분열시킬 수 없게 하는 것이 프롤레타리아트에게 이익이 된다는 말이다! 혹, 그루지아의 기관지를 『해방』이라고 부르지 않고 『사회민주주의자』라고 부르는 것은 실수가 아닐까? 그리고 얼마나 비할 데 없는 민주주의혁명 철학인지 한번 보시라! 가엾은 찌플리스인이 "부르주아혁명"이란 개념을 궤변적으로, 꽁무니주의적으로 해석함으로써 결국은 혼란에 빠져 있는 것이 여기서 정말 명확히 보이지 않는가? 민주주의 변혁에서 프롤레타리아트가 고립될 가능성이라는 문제를 논하면서 그가 잊고 있는 것…… 잊고 있는 사소한 것이 있으니…… 그것은 농민이다! 그는 프롤레타리아트의 가능한 동맹자들로서 지방의원인 지주들은 알고 있고 또한 점찍고 있으면서 농민은 알지 못하는 것이다. 그것도 깝까스에서! 자, 그렇다면, 신『불꽃』이 자신들의 논리 전개를 통해 혁명적 농민을 자신의 동맹자로 끌어올리는 대신 군주주의적 부르주아지의 수준으로까지 내려가고 있다고 말한 우리가 과연 틀렸는가?

…… 반대의 경우, 프롤레타리아트의 패배와 정부의 승리는 불가피하다. 그리고 보다시피 전제 정부는 바로 이를 위해 노력하고 있는 것이다. 전제 정부가 자신의 국민의회에서 귀족

과 지방의회, 도시 및 대학 등등의 부르주아 기관들의 대표들을 자신의 편으로 끌어당기려 할 것이라는 점은 의심의 여지가 없다. 〈귀족, 대학 등등의 부르주아 기관들! 이토록 순결한 속류 "맑스주의"를 만나려면 『노동자의 사상』으로 되돌아갈 필요가 있다!〉 전제 정부는 사소한 양보를 통해 그들을 매수하려 들 것이고 그런 식으로 그들과 타협하려 애쓸 것이다. 그렇게 해서 보강된 전제 정부는 홀로 남겨진 노동자 인민에게 모든 공격을 다할 것이다. 우리의 의무는 이런 불행한 결말을 예방하는 것이다. 하지만 첫 번째 방식으로 과연 이것을 해낼 수 있을까? 우리가 국민의회를 아예 감안하지 않고 스스로 봉기를 준비하기 시작하여 어느 화창한 날 무장을 하고 투쟁을 위해 거리로 나왔다고 가정해 보자. 그렇다면 여기 우리 앞에는 적이 하나가 아니라 둘 있으니, 정부와 국민의회가 그들이다. 우리가 준비를 하는 동안 〈자꼬뱅주의자들! 봉기를 "준비하다니"!〉 그들은 상의 끝에 서로 합의하여 협정을 맺고 그들에게 유리한 헌법을 작성하는 데 성공하여 권력을 나누어 가진다. 이는 곧바로 정부에 유리한 전술이다. 따라서 우리는 가장 정력적으로 이를 거부해야만 한다…….

바로 이렇게 노골적이다! 봉기 준비 "전술"을 단호하게 거부해야 한다. 왜냐하면 "그러는 동안" 정부가 부르주아지와 거래에 들어갈 것이기 때문에! 가장 열렬한 "경제주의"의 낡은 문헌에서라도 혁명적 사회민주주의를 이렇게 모욕하는 것에 가까운 그 무엇을 찾을 수 있겠는가? 여기저기서 일어나고 있는 노동자와 농민의 봉기와 폭동, 이것은 사실이다. 국민의회, 이것은 불리긴의 약속이다. 그런데 찌플리스 시의 "사회민주주의자"는 이렇게 결정하는 것이다. 봉기를 준비하는 전술을 거부하고 "행동 중심", 즉 국민의회를 기다려야 한다고…….

…… 그와는 반대로, 두 번째 전술은 국민의회를 우리의 감독 아래 두고, 국민의회가 자신의 의지대로 행동하여 정부와 협정을 맺을 가능성을 제공하지 않도록 〈오! 얼마나 굉장한 혁.혁.혁명성인가!〉 하는 데 그 핵심이 있다.*

우리는 국민의회가 전제 정부와 투쟁하는 한에서 그를 지지하고, 국민의회가 전제 정부와 타협할 경우에는 그에 맞서 투쟁한다. 우리는 정력적인 개입과 힘으로 의원들을 상호 분열시켜,** 급진주의자들을 우리 편에 결합시키고 〈가없은 스뜨루베! 그는 사실 급진주의자로 알려져 있지 않은가! 얼마나 가련한 운명인가. 힘에 의해 신『불꽃』파에 결합되다니……〉 정부에서 보수주의자들을 제거하며, 그렇게 함으로써 국민의회 전체〈이 말 좀 들어 보시게! 들어 보라구!〉를 혁명의 길에 서게 한다. 이런 전술로 인해 정부는 항상 홀로 남게 될 것이고, 〈"제거된" 보수주의자들이 없는?〉 반대파는 강력해질 것이며, 이로써 민주주의 제도의 수립이 쉬워질 것이다.

---

* 도대체 의원들의 의지를 빼앗을 어떤 수단이 있는가? 특수한 리트머스 시험지?

** 사제님들! 이게 바로 "심화된 전술"이군! 거리에서 싸울 힘은 없지만, "힘으로" "의원들을 분열시킬" 수는 있다. 이것 보게, 찌플리스 출신 동지, 거짓말을 해도 좋지만 정도껏 해야지…….

그렇군, 그렇지! 이제, 신『불꽃』파가 가장 통속화된 "경제주의"의 아류로 돌아섰다는 우리의 말이 과장이라고 말할 테면 말해 보라. 사실 이것은 정말, 파리를 잡아서 그 위에 뿌리면 파리가 죽는다는 그 유명한 파리 잡는 가루약과 너무나 유사하다. 힘으로 국민의회 의원들을 분열시키고, "정부에서 보수주의자들을 제거하면" 국민의회 전체가 혁명의 길로 떨쳐 일어설 것이다……. 그 어떤 "자꼬뱅식" 무장봉기가 없어도 그럭저럭, 점잖게, 거의 의회적 방식으로, 국민의회 구성원들에게 "영향을 미침으로써."

가엾은 러시아! 러시아에 대해 말할 때, 러시아는 항상 유럽이 내팽개친 유행이 지난 모자를 쓴다고들 한다. 우리 나라에는 아직 의회가 없다. 불리긴도 그것을 약속하지는 않았다. 그런데도 의회주의 크레틴병이 활개를 친다.

…… 이 개입은 어떻게 이루어져야 하는가? 무엇보다 먼저, 우리는 국민의회가 비밀투표에 의한 보통 · 평등 · 직접선거권을 통해 소집되어야 한다고 요구할 것이다. 이런 선거 절차를 공표함*과 동시에 선거운동의 완전한 자유, 즉 집회와 언론과 출판의 자유 및 선거인과 피선거인에 대한 불가침, 그리고 모든 정치범의 석방이 법제화되어야 한다.** 인민에게 알리고, 인민을 준비시키기 위한 충분한 시간을 우리가 가질 수 있

---

* 『불꽃』에?

** 니꼴라이에 의해?

어야 하기 때문에, 선거 자체는 가능한 한 늦은 시기로 정해져야 한다. 그리고 국민의회 소집에 관한 법령의 작성이 불리긴 내무대신의 위원회에 위임되었으므로, 우리는 이 위원회와 그 구성원들에게 영향력을 행사해야 한다.[*] 만일 불리긴 위원회가 우리의 요구를 충족시키기를 거부하고[**] 유산자들에게만 의원 선거권을 준다면, 그렇다면 우리는 이 선거에 개입하여 유권자들이 선도적인 후보들을 선출하게끔 혁명적 방식으로 강제하고 국민의회를 통해 제헌의회를 요구하도록 강제해야 한다. 〈"선출하게끔 강제한다." 굉장히 "혁명적 방식"이군! 그렇게 혁명적이면서 공허한 미사여구들이 종종 있긴 하지!〉 끝으로, 가능한 모든 수단을 다하여, 즉 시위와 파업, 그리고 필요하다면 봉기를 통해 국민의회가 제헌의회를 소집하도록, 아니면 스스로를 제헌의회로 선언하도록 강제한다. 무장한 프롤레타리아트가 제헌의회의 수호자가 되어야 하니, 이 둘이 함께[***] 민주주의 공화제를 향해 나아갈 것이다.

이런 것이 사회민주주의 전술이며, 오직 그것만이 우리에게 승리를 보장할 것이다.

믿을 수 없을 정도로 터무니없는 이 모든 말이 신『불꽃』파의 책임 없고 영향력 없는 한 인물의 펜에서 나온 단순한 시안試案

---

[*] "정부에서 보수주의자들을 제거한다."라는 전술이 의미하는 게 바로 이런 것이다!

[**] 우리로서는, 이 올바르고 생각이 깊은 전술 하에서 그런 일이 일어날 리가 없을 것 같은데!

[***] 무장한 프롤레타리아트와 "정부에서 제거된" 보수주의자들이 함께?

일 것이라고 독자가 생각지 않도록 하자. 이것은 신『불꽃』파의 온전한 한 위원회인 찌플리스 위원회의 기관지에서 거론된 말이다. 그게 전부가 아니다. 이 터무니없는 말은 『불꽃』의 직접적인 동의를 얻은 것이니, 우리는 『불꽃』 제100호에서 문제의 『사회민주주의자』에 관한 글을 읽게 된다.

제1호는 생기 있고 재기 넘치게 편집되어 있다. 작가인 편집자의 노련하고 능숙한 손길이 인상적이다……. 이 신문이 자신에게 부여된 임무를 눈부시게 수행하리라고 자신 있게 말할 수 있다.

그렇다! 그 임무라는 것이 신『불꽃』주의의 완전한 이념적 붕괴를 모든 사람들에게 명백하게 보여 주는 것이라면, 정말 "눈부시게" 수행되었다. 신『불꽃』파가 자유주의 부르주아적 기회주의의 수준까지 폄훼된 것을 어느 누구도 이보다 더 "생기 있고, 재기 넘치고, 능숙하게" 표현할 수는 없을 것이다.

8. 『해방』주의와 신『불꽃』주의

이제 신『불꽃』주의의 정치적 의의를 명백하게 확인시켜 주는 또 다른 것으로 넘어가 보자.

스뜨루베 씨는 「어떻게 자신을 발견할 것인가」(『해방』 제71호)라는 뛰어나고 탁월하며 아주 교훈적인 논설에서 우리 극단적 정당들의 "강령적 혁명주의"에 대해 전쟁을 벌이고 있다. 스뜨루베 씨는 개인적으로 내게 특히 불만이 많다.* 그런데 내 경우에는, 스뜨루베 씨에게 더할 수 없이 만족하고 있다. 신『불꽃』파의 부활하는 "경제주의" 및 "사회주의자혁명가당 당원들"의 완전한 무원칙과 투쟁하는 데서 그보다 더 좋은 동맹자를 바랄 수는 없을 것이기 때문이다. 사회주의자혁명가당 당원들이 강령 초안에서 행한 맑스주의에 대한 "수정들"이 갖는 반동성 일체를 스뜨루베 씨와 『해방』이 어떤 식으로 실천적으로 증명했는지에 관해서, 우리는 다음 기회에 어떤 방식으로든 언급하겠다. 스뜨루베 씨가 신『불꽃』파를 원칙적으로 승인할 때마

---

* "레닌 씨와 그 동지들의 혁명주의와 비교해 볼 때, 베벨의 서유럽 사회민주주의의 혁명주의는 물론, 심지어 카우츠키의 혁명주의도 기회주의다. 하지만 이미 완화된 바로 이 혁명주의의 기초도 역사에 의해 씻겨 내려갔다." 이 돌연한 공격은 무척 성난 것이다. 죽은 자에게 하듯이 나에게 모든 책임을 뒤집어씌울 수 있다고 스뜨루베 씨가 생각한다면, 그것은 헛된 짓일 뿐이다. 나로서는 스뜨루베 씨가 결코 받아들일 수 없을 도전장을 그에게 던지기만 하면 충분하다. 언제, 어디서 내가 "베벨과 카우츠키의 혁명주의"를 기회주의라고 불렀는가? 언제, 어디서 내가 베벨과 카우츠키의 경향과 동일하지 않은, 국제 사회민주주의에서 어떤 특수한 경향을 만들어 낼 권리를 주장했는가? 언제, 어디서 나를 한편으로 하고, 베벨과 카우츠키를 다른 편으로 하는 견해차, 예를 들어 중대성으로 본다면, 브레슬라우에서 베벨과 카우츠키 사이에서 농업 문제를 둘러싸고 나왔던 견해차[26]와 어느 정도라도 비슷한 그런 견해차가 나타났는가? 스뜨루베 씨에게 이 세 가지 물음에 한번 대답해 보라고 해 보자.

그리고 우리는 독자들에게 다음과 같이 말하겠다. 자유주의 부르주아지는 언제나, 어디서나 자기 나라의 사회민주주의자들은 가장 비합리적이고 이웃 나라 동지들은 "좋은 친구들"이라며 자국의 사상적 동지들을 납득시키는 방식을 사용한다. 독일의 부르주아지는 베벨과 카우츠키같은 사람들에게 프랑스 사회주의자들을 "좋은 친구들"의 교훈감이라며 수백 번이나 내세워 왔다. 아주 최근에 프랑스의 부르주아지는 프랑스 사회주의자들에게 "좋은 친구"인 베벨을 교훈감이라며 내세운 바 있다. 스뜨루베 씨, 정말 낡은 방식이오! 그런 미끼로 당신이 잡을 수 있는 건 기껏해야 아이들과 문외한들뿐이오. 강령과 전술의 모든 굵직한 문제에서 혁명적인 국제 사회민주주의당의 완전한 연대는 논쟁의 여지가 전혀 없는 사실이다.

다 번번이 그가 얼마나 충실하고, 정직하게, 그리고 진실하게 내게 봉사했는지에 관해서 우리는 이미 여러 번 말한 바 있는데,[*] 이제 다시 한 번 말해 보겠다.

스뜨루베 씨의 논설에는, 여기서는 단지 지나가면서 언급할 수밖에 없는 흥미로운 언명들이 줄줄이 등장한다. 그는 "계급 투쟁이 아니라 계급협력에 의존하여 러시아 민주주의를 만들어 내려" 하며, 여기에 더하여, "사회적 특권을 가진 지식인"(일종의 "교양 있는 귀족." 스뜨루베 씨는 정말 상류 사회의 …… 머슴처럼 정중하게 그들 앞에 굽실거리고 있다.)은 이 "비계급적" 당에 "그 사회적 지위의 무게"(돈주머니의 무게)를 가져다 줄 것이라고 한다. 스뜨루베 씨는 "부르주아지가 겁을 먹고 프롤레타리아트와 자유의 대의를 팔아먹었다는, 판에 박힌 급진적 견해"의 부적합성을 청년들이 알 수 있게끔 하고 싶다고 표현한다. (진심으로 이 바람을 환영하는 바다. 맑스주의의 "판에 박힌 견해"를 스뜨루베 씨가 이 견해에 대해 벌이는 전쟁보다 더 잘 확인시켜 주는 것은 아무것도 없다. 스뜨루베 씨, 부디 그

---

[*] 「무엇을 하지 말아야 할 것인가」(『불꽃』 제52호)라는 논설이 기회주의자들에게 순응하는 "의미심장한 전환"이라며 『해방』이 떠들썩하게 소동을 일으키며 환영했던 사실을 독자께 상기시키고자 한다. 러시아 사회민주주의자들 사이의 분열에 관한 짧은 기사를 통해 『해방』은 신 『불꽃』주의의 원칙적인 경향들을 특별히 승인한 바 있다. 『우리의 정치적 임무』라는 뜨로쯔끼의 소책자와 관련하여 『해방』은 이 저자의 사상이 끄리쳅스끼, 마르띠노프, 아끼모프 등 『노동자의 대의』파가 언젠가 쓰고 말했던 것과 같은 종류의 것이라고 지적했다. (『전진』이 발행한 「친절한 자유주의자」라는 전단을 보라.) 『해방』은 두 독재에 관한 마르띠노프의 소책자를 환영했다. (『전진』 제9호에 실린 짧은 기사를 보라). 끝으로, "먼저 경계를 긋고, 그런 후에 연합한다."라는 구 『불꽃』의 낡은 슬로건에 대한 스따로베르의 때늦은 불평을 『해방』은 특별한 공감으로 맞이했다.

멋진 계획을 오랫동안 미루지 마시기를!)

　아주 작은 일기의 변화에도 반응을 보일 만큼 정치적으로 민감한 러시아 부르주아지의 대표자가 현재 어떤 **실천적** 슬로건들에 맞서 전쟁을 하고 있는지를 언급하는 것은 우리의 주제로 보아 중요하다. 첫째, 공화주의라는 슬로건에 맞서. 스뜨루베 씨는 이 슬로건이 "인민 대중이 이해하기 어렵고 그들에게 낯설다."라고 굳게 믿고 있다. (그는 다음과 같이 덧붙이는 것을 잊었다. 부르주아지는 이 슬로건을 이해할 수 있지만 그들에게 이익이 되지 않는다는 것을 말이다!) 우리는 스뜨루베 씨가 우리의 비밀 집회와 서클들에 모인 노동자들에게서 어떤 대답을 얻는지 보고 싶은 심정이다! 혹시 노동자는 인민이 아닌가? 그렇다면 농민은? 스뜨루베 씨의 말에 따르면 그들에게서도 종종 "소박한 공화주의"("짜르를 쫓아내자")가 보이기는 하지만, 자유주의 부르주아지는 **소박한** 공화주의가 대체되면 의식적인 공화주의가 아니라 의식적인 군주주의가 도래할 것이라고 믿고 있단다! Ça dépend[사정 나름이오], 스뜨루베 씨. 그건 아직 상황에 따라 달라질 문제라오. 짜르 체제도, 부르주아지도 지주의 토지를 이용한 농민의 근본적인 처지 개선에 반대하고 나서지 않을 수 없으며, 노동자계급은 이 점에서 농민을 지원하지 않을 수 없다.

　둘째, 스뜨루베 씨는 "내전에서 공격자는 항상 그릇되게 된다."라고 확신한다. 이러한 사상은 위에서 본 신『불꽃』주의의 경향에 바싹 다가선 것이다. 물론 우리는 내전에서 공격을 하는 것이 항상 유리하다는 말은 하지 않을 것이다. 그렇지 않고말고.

한시적으로는 방어 전술이 반드시 필요하기도 하다. 그러나 1905년의 러시아에 적용해 볼 때, 스뜨루베 씨가 제공한 그런 명제를 내세우는 것은 "판에 박힌 급진적 견해"("부르주아지가 겁을 먹고 자유의 대의를 팔아먹었다.")의 일단을 마침 맞게 보여주는 것을 의미한다. 전제 정부와 반동을 지금 공격하지 않으려는 사람, 이 공격을 준비하지 않는 사람, 그것을 선전하지 않는 사람, 이런 자들은 혁명의 지지자라는 이름을 부당하게 얻고 있는 것이다.

스뜨루베 씨는 "비밀 활동"과 "반란"(이는 "축소판 봉기"다.)이라는 슬로건들을 비난한다. 스뜨루베 씨는 "대중에게로의 접근"이라는 관점에서 이 둘을 모두 경멸하고 있는 것이다! 우리는 스뜨루베 씨에게 묻겠다. 예를 들어, 그가 보기에는 치유 불능의 혁명주의자가 쓴 『무엇을 할 것인가?』 같은 저작에서 반란을 선전한 부분을 지적해 낼 수 있는가? 또, "비밀 활동"에 관해서라면, 예를 들어 우리와 스뜨루베 씨의 차이가 그렇게 큰가? 우리 둘 다 "비밀리에" 러시아로 반입되어 『해방』연맹이나 러시아사회민주주의노동자당의 "비밀" 그룹들에 기여하는 "비합법" 신문에서 일하고 있지 않은가? 우리의 노동자 비밀 집회는 자주 "비밀스럽다." 그러니까 죄악이란다. 그렇다면 『해방』파 신사 양반들의 집회는? 스뜨루베 씨, 경멸스러운 비밀 활동을 지지하는 경멸스러운 사람들 앞에서 당신들에겐 뭐 잘난 체할 거리가 있는 줄 아시오?

사실, 노동자들에게 무기를 공급하는 데는 엄중한 비밀 활동이 요구된다. 이 점에서 스뜨루베 씨는 한층 더 직접적으로 나아가고 있다. 들어 보시라. "무장봉기, 혹은 기술적 의미에서의 혁명에 관해 말하자면〈신『불꽃』을 표절하기 시작하는군.〉, 민주주의 강령을 대중적으로 선전하는 것만이 전체적인 무장봉기의 사회적, 심리적 조건을 만들어 낼 수 있다. 이처럼 무장봉기가 해방을 위한 현재의 투쟁을 **필연적으로** 완수하는 것이라고 생각하는 관점, 나로서는 동의할 수 없는 그런 관점에서 볼 때도 대중에게 민주주의 개혁의 사상을 심어 주는 것은 가장 기본적이고 가장 필요한 일이다."

스뜨루베 씨는 문제를 회피하려 애쓰고 있다. 그는 혁명의 승리를 위한 봉기의 필요성을 말하는 대신 봉기의 필연성을 말하고 있다. 준비되지 않은 봉기, 산개된 자생적 봉기는 이미 시작되었다. 그것이 순수하고 통일성 있는 인민의 무장봉기에까지 도달하도록 할 책임을 위임받을 수 있는 사람은 물론 아무도 없다. 왜냐하면 그것은 (투쟁 자체에 의해서만 충분히 측정되는) 혁명 세력들의 상태, 정부와 부르주아지의 행동, 정확하게 고려할 수 없는 일련의 다른 정황들, 이 모든 것에 달려 있기 때문이다. 구체적인 사건을 절대적으로 확신한다는 의미에서라면 필연성에 관해 말하는 것이 아무 소용도 없는데, 스뜨루베 씨는 이런 필연성으로 말을 돌리고 있는 것이다. 당신이 혁명의 지지자가 되고 싶다면 혁명의 **승리를** 위해 봉기가 **필요한가**, 또한 봉기를 적극적으로 내세우고 선전하며 즉각적으로 그리고 정력적으로 그것을 준비하는 것이 필요한가 하는 점에 대해 말해야 한다. 스뜨루베 씨가 이 차이점을 이해하지 못할 리 없다. 예를 들어, 그는 보통선거권이 당면 혁명 기간에 반드시 획득되어야 하는가라는 문제, 정치 활동가에게는 논쟁거리이지 긴박한 것은 아닌 그런 문제를 가지고 민주주의자에게는 논쟁의 여지가 없는 보통선거권의 필요성이라는 문제를 가려 버리지는 않기 때문이다. 스뜨루베 씨가 봉기의 필요성이라는 문제를 회피한 순간, 그는 그것으로 자유주의 부르주아지의 정치적 입장 속에 숨은 심오하기 짝이 없는 이면을 표현하고 있다. 부르주아지는 첫째, 전제 정부를 분쇄하기보다는 그 정부와 흥정하는 것을 선호한다. 부르주아지는 어떤 경우든 손에 무기를 든 투쟁은 노동자에게 전가한다. (이것이 두 번째다.) 바로 이것이 스뜨루베 씨의 회피가 갖는 **현실적인** 의의다. 바로 이것이 그가 봉기의 필요성이라는 문제에서 그것의 "사회적, 심리적" 조건의 문제로, 예비적 "선전"이라는 문제로 **뒷걸음질하는** 이유다. 정부의 군사력을 격퇴하는 것이 문제였을 때, 운동이 무장투쟁의 "필요성에 이르렀을" 때, (준비기에는 수백 번 필요한 것인) 말로만 표현되던 영향력이 저속한 부르주아적 비활동성과 소심함으로 변화되어 버린 그런 시기에, 부르주아 허풍쟁이들이 1848년 프랑크푸르트 의회[11]에서 결의안, 선언, 결정들을 작성하고 "대중적 선전"과 "사회적, 심리적 조건"의 준비에 몰두해 있었던 것과 똑같이, 정말 한 치도 틀림없이 그와 똑같이 스뜨루베 씨 또한 미**사여구들** 속에 몸을 숨긴 채 봉기 문제를 교묘히 회피하고 있는 것이다. 스뜨루베 씨는 많은 사회민주주의자들이 완고하게 외면하고 있는 문제를 우리에게 명확하게 보여 주고 있다. 그 문제란 바로, 대중의 정서, 흥분, 확신이 **행동으로** 발현되어야 하며 또 발현되고 있다는 점에서 혁명적 시기는 평상의 일상적인 준비기인 역사적 시기들과는 다르다는 것이다.

말도 또한 실행이라는 것을 속류 혁명주의는 이해하지 못한다. 역사 일반에, 혹은 대중의 공개적인 정치적 행동이 없고 어떤 폭동도 그것을 대체하거나 인위적으로 불러일으키지도 못할 그런 역사적 시기에 적용하는 것이라면 이 명제는 논쟁의 여지가 없는데 말이다. 혁명적 시기가 시작되었을 때, 낡은 "상부구조"의 모든 봉합 부위들이 터졌을 때, 자신들의 새로운 상부구조를 창출하는 계급들과 대중의 공개적인 정치적 행동이 사실로 되었을 때, 내전이 시작되었을 때, 그러한 때 "실행"으로 나아가자는 **직접적인 슬로건**을 제공하지 않은 채 **옛날처럼** "말"로만 그치는 것, 그러한 때 "심리적 조건", 나아가 "선전" 일반을 인용하면서 실행에서 발을 빼는 것은 생명 없음이요, 생기 없음이요, 말로만 따지는 것이요, 그도 아니면 혁명에 대한 배반이요, 혁명에 대한 배신이라는 것을 혁명가들의 꽁무니주의는 이해하지 못한다. 민주주의 부르주아지인 프랑크푸르트의 허풍쟁이들은 그러한 배반, 혹은 그러한 말로만 따지는 우둔함의 기념비적인 역사적 본보기다.

속류 혁명주의와 혁명가들의 꽁무니주의 사이의 이러한 차이점을 러시아 사회민주주의 운동의 역사를 통해 설명해 주길 원하는가? 여러분께 설명해 드리겠다. 바로 얼마 전에 지나간 일이지만 지금 우리에게는 이미 머나먼 전설처럼 여겨지는 1901년과 1902년을 기억해 보라. 시위가 시작되었다. 속류 혁명주의는 "돌격"(『노동자의 대의』)의 외침을 높이 올리고 (내 기억이 틀리지 않다면, 베를린에서 발간된) "피에 젖은 유인물"을 발행하며, 신문을 수단으로 전국적인 선동을 해야 한다는 사상은 "문필 일변도"이고 책상물림이라고 공격했다(나제주진). 그와 반대로, 그 당시 혁명가의 꽁무니주의는 "경제투쟁은 정치선동을 위한 **최상의 수단**"이라는 설교를 들고 나왔다. 혁명적 사회민주주의당은 어떤 태도를 고수했던가? 이 두 경향을 모두 공격했다. 당은 폭약을 터트리는 짓과 돌격 외침을 단죄했는데, 대중의 공개적인 행동이 내일의 일임을 모든 사람들이 명료하게 알게 되었고 또 알아야 했기 때문이었다. 당은 꽁무니주의를 단죄하고 나아가 전 인민적 무장봉기 슬로건까지 곧장 내걸었는데, 그것은 직접적인 호소(스뜨루베 씨는 그 당시의 우리에게서 "반란"의 호소를 발견하지 못할 것이다.)의 의미에서가아니라 **필수적인 결론**이라는 의미에서, "선전"(이것을 스뜨루베 씨는 지금에서야 겨우 기억해 냈다. 우리의 존경하는 스뜨루베씨, 그는 언제나 몇 년씩 박자가 늦다.)이라는 의미에서, 이른바 "사회적, 심리적 조건"들을 준비한다는 의미에서다.[27] 당황한 소상인적 부르주아지의 대표자들이 이 사회적, 심리적 조건들에 관해 지금 "때에 맞지 않게, 서글프게" 허풍을 떨고 있는 것이다. 당시에는 선전과 선동, 선동과 선전이 객관적인 상황에 의해 정말 최우선적인 것으로 내세워졌다. **당시에는** 전 러시아적 정치 신문, 매주 발행을 최고의 목표로 여겼던 그 신문 작업을 봉기 준비에 관련된 활동의 시금석으로 내세우는 것이 가능했다. (그리고 『무엇을 할 것인가?』에서 내세운 바 있다.) 당시에는 직접적인 무장 행동 **대신** 대중적 선동을 하라는 슬로건, 폭약을 터뜨리는 **대신** 사회적, 심리적 조건을 준비하라는 슬로건이 혁명적 사회민주주의당의 유일하게 올바른 슬로건들이었다. **지금**은 사태가 이 슬로건들을 앞지른 상태이며 운동은 앞으로 나가 버렸다. 이 슬로건들은 『해방』파의 위선, 거기다 신『불꽃』의 꽁무니주의를 은폐하는 데만 쓸모가 있는 폐물이요, 고물이 되어 버린 것이다!

혹시 내가 잘못 알고 있는 것일까? 혹시 혁명이 아직 시작되지 않은 것일까? 아직은 계급들의 공개적인 정치적 행동의 시기에 도달하지 못한 걸까? 아직 내전은 아니요, 무기의 비판이 지금 곧 비판의 무기[28]의 필수적이고 의무적인 계승자이자 상속자이며 유언 집행인, 완수자가 되어서는 안 되는가?

이 질문에 대답하려면, 서재에서 거리로 나와 주위를 둘러보라. 도처에서 평화적인 비무장 시민들을 총으로 쏘아 대량 사살함으로써 정부 스스로 이미 내전을 시작하지 않았던가? 무장한 검은 도당[12]이 전제 정부의 "논거"로 나서고 있지 않은가? 부르주아지는 — 부르주아지조차 — 민병대의 필요성을 인식하지 않았던가? 스뜨루베 씨 자신이, 사상적으로 온건하며 치밀한 그 스뜨루베 씨가 "혁명적 행동의 공개적 성격"(지금 우리가 바로 이렇다!) "은 현재 인민 대중에게 교육적 영향력을 미치는 가장 중요한 조건들 중 하나다."라고 말하고(아아 슬프게도, 오직 발뺌하기 위하여 말하고 있을 뿐이지만!) 있지 않은가?

눈이 있는 사람이라면 혁명의 지지자들이 이제 무장봉기라는 문제를 어떻게 제기해야 하는지에 관해 의혹을 가질 수 없을 것이다. 대중에게 어느 정도 영향력을 지닌 자유 언론 기관들이 이 문제를 세 가지로 제기하고 있음을 살펴보라.

첫 번째 제기. 러시아사회민주주의노동자당 제3차 대회 결의
안.* 일반 민주주의혁명운동이 이미 무장봉기가 필요하다는 결
론을 이끌어 냈음을 인정하고 만천하에 이를 선언하고 있다. 봉
기를 위한 프롤레타리아트의 조직화는 당의 본질적이고 주요
한, 그리고 필수적인 임무들 중 하나로서 일정에 올라 있다. 봉
기를 직접 지도할 가능성을 확보하고 프롤레타리아트를 무장시
키기 위한 가장 정력적인 조치들을 취할 임무를 위임받고 있다.

---

* 여기 이 결의안의 전문이 있다.
"1) 자신의 처지로 말미암아 가장 선도적이며 단 하나의 일관된 혁명적 계급인 프롤
레타리아트는, 그럼으로써 러시아의 일반 민주주의적 혁명운동에서 지도적 역할을
담당할 사명을 띤다.
2) 현시점에서 이 운동은 이미 무장봉기의 필요성이라는 결론을 이끌어내었다.
3) 프롤레타리아트는 필연적으로 이 봉기에 가장 정력적으로 참여할 것이며, 그러한
참여가 러시아의 혁명의 운명을 결정한다.
4) 이 혁명에서 프롤레타리아트는 오직, 그들의 투쟁을 사상적으로뿐만 아니라 실천
적으로도 지도하고 있는 사회민주주의노동자당의 깃발 아래 단일한 독자적 정치 세
력으로 단결할 때에만 지도적 역할을 담당할 수 있다.
5) 그러한 역할을 수행할 때에만 프롤레타리아트는 부르주아 민주주의적 러시아의
유산계급들에 맞서 사회주의를 위해 투쟁하기 위한 가장 유리한 조건들을 확보할 수
있다.
위의 사항들을 유념하여 러시아사회민주주의노동자당 제3차 대회는 무장봉기를 통
한 전제 정부와의 직접적인 투쟁을 위해 프롤레타리아트를 조직할 임무가 현재의 혁
명적 시기에 가장 중대하고 절박한 당의 임무들 가운데 한 가지임을 인정한다.
따라서 대회는 모든 당 조직들에 다음을 위임한다.
가) 선전과 선동을 통해 임박한 무장봉기의 정치적 의의뿐만 아니라 실천적, 조직적
측면도 프롤레타리아트에게 밝혀 준다.
나) 봉기의 시작과 진행 자체에서 중요한 의의를 가질 수 있는 대중적 정치 파업들이
갖는 역할을 이러한 선전과 선동으로 밝혀 준다.
다) 프롤레타리아트를 무장시키는 데 적합한, 그리고 무장봉기와 그에 대한 직접적인
지도 계획을 작성하는 데 적합한 가장 정력적인 수단들을 채택하며, 필요에 따라서는
이를 위해 당 활동가들로 특수 그룹을 만든다." (저자가 1907년판에 붙인 주.)

두 번째 제기. 『해방』에 실린 "러시아 입헌주의자들의 우두머리"(『프랑크푸르트 신문』같이 대단히 영향력 있는 유럽 부르주아지의 기관지가 얼마 전 스뜨루베 씨를 이렇게 칭했다.) 혹은 러시아 진보적 부르주아지의 우두머리의 원칙적인 논설 한 편. 그는 봉기의 필연성에 관해 의견을 달리한다. 비밀 활동과 반란, 이는 무분별한 혁명주의의 특징적인 태도다. 공화주의, 이는 정신이 아찔해지는 방법이다. 무장봉기, 이는 정말 오직 기술적인 문제이며, 이에 반해 "가장 기본적이고 가장 필요한 일"은 대중적인 선전과 사회적, 심리적 조건의 준비다.

세 번째 제기. 신『불꽃』파 협의회 결의안. 우리의 임무는 봉기를 준비하는 것이다. 계획에 따른 봉기 가능성은 배제한다. 봉기를 위한 호조건을 만들어 내는 것은 정부 조직의 와해, 우리의 선동과 우리의 조직화다. 오직 그때에만 "기술적인 전투 준비가 어느 정도 중대한 의의를 획득할 수 있다."

오로지 그것뿐인가? 그렇다, 오로지. 봉기가 필요하게 되었는지 아닌지, 프롤레타리아트의 신『불꽃』파 지도자들은 아직 이를 잘 모른다. 직접적인 투쟁을 위해 프롤레타리아트를 조직할 임무가 절박한 것인지 아닌지, 이들에게는 아직 이 점이 명료치 않다. 가장 정력적인 조치들을 취하자고 호소하는 것은 필요치 않다. 이 조치들이 어떤 조건 하에서 "어느 정도 중대한" 의의를 획득"할 수 있는지"를 포괄적으로 설명하는 것이 (1902년이 아니라 1905년에) 훨씬 더 중요하다…….

신『불꽃』파 동지들, 마르띠노프주의로 전환한 결과 당신들이 어디에 이르렀는지 이제 아시겠는가? 당신들의 정치철학이

『해방』파 철학의 재탕이었음을, 그러니까 당신들은 (당신들의 의지에 반해, 그리고 당신들의 의식과는 별도로) 군주주의적 부르주아지의 꽁무니에 있었음을 이해하시겠는가? 다 아는 사실을 되풀이하고 궤변의 기교만 한층 늘여 가면서, "혁명적 행동의 공개적 성격은 현재 인민 대중에게 교육적 영향력을 미치는 가장 중요한 조건들 중 하나" — 뾰뜨르 스뜨루베의 잊지 못할 논설에 나온 잊지 못할 말을 빌리자면 — 인 그런 상황을 당신들이 놓쳤다는 것이 이제 분명해지지 않았는가?

9. 혁명기에 극단적 반대파의 당이 된다는 것은 무엇을 의미하는가?

임시정부에 관한 결의안으로 되돌아가 보자. 우리는 신『불꽃』파의 전술이 혁명을 진전시키는 것이 아니라 — 그들은 자신들의 결의안으로 그런 가능성을 확보하길 바랐겠지만 — 후퇴시키고 있음을 보여 주었다. 우리는 바로 이 전술이야말로 일관성 없는 부르주아지에 맞선 투쟁에서 사회민주주의당의 손을 묶고 부르주아 민주주의에 당이 용해되는 것을 막지 못하는 전술임을 보여 주었다. 결의안의 잘못된 전제로부터 다음과 같은 잘못된 결론이 얻어지는 것은 당연하다. "따라서 사회민주주의당은 임시정부 내에서 권력을 장악하거나 그것을 나눠 갖는 것을 자신의 목표로 삼아서는 안 되며 극히 혁명적인 반대파의 당으로 남아 있어야 한다." 목표 제기에 해당되는 이 결론의 전반부를 보라. 신『불꽃』파는 짜르 체제에 대한 혁명의 결정적인 승리를 사회민주주의 활동의 목표로 제기하고 있는가? 그렇다. 그들은 "『해방』파의" 정식화로 빗나가는 바람에 결정적인 승리의 조건을 올바르게 정식화할 능력은 없지만, 그럼에도 위의 목표를 제기하고는 있다. 나아가 그들은 임시정부와 봉기를 연결시키고 있는가? 그렇다. 임시정부가 "승리한 인민 봉기에서 나온다."라고 말함으로써, 직접적으로 연결시키고 있다. 마지막으로, 그들은 봉기를 지도하는 것을 자신의 목표로 제기하고 있는가? 그렇다. 그들은 스뜨루베 씨와 비슷하게 봉기가 필수적이며 절박한 것이라는 사실을 인정하지 않으려 하고 있지만, 그와 동시에 스뜨루베 씨와는 달리 "사회민주주의당은 그것(봉기)을 자신의 영향력과 **지도에 종속시키고** 노동자계급의 이해관계를 위해 이용하려고 노력한다."라고 말하고 있다.

정말이지 얼마나 조리 있는 말인가? 우리는 봉기를, 그리고 프롤레타리아 및 **비프롤레타리아** 대중을 우리의 영향력에, 우리의 지도에 종속시키고 우리의 이해관계를 위해 봉기를 이용하는 것을 **목표로** 제기하고 있다. 따라서 봉기가 일어날 경우 우리는 프롤레타리아트, 혁명적 부르주아지, 소부르주아지("비프롤레타리아 그룹들") 모두를 지도하는 것, 즉 사회민주주의당과 혁명적 부르주아지가 봉기의 지도를 "**나눠 갖는**" 것을 자신의 목표로 제기하고 있다. 우리는 ("승리한 인민 봉기에서 나올") 임시정부의 수립으로 귀결되어야 할 봉기의 **승리를** 자신의 목표로 제기하고 있다. **따라서**…… 따라서 우리는 임시혁명정부 내에서 권력을 장악하거나 그것을 나눠 갖는 것을 자신의 목표로 제기해서는 안 된다!!!

우리의 친구들은 앞뒤를 전혀 맞출 줄 모른다. 그들은 구실을 붙여 봉기를 거부하는 스뜨루베 씨의 관점과 이 절박한 임무를 걸머질 것을 호소하는 혁명적 사회민주주의당의 관점 사이에서 동요하고 있다.[*] 그들은 임시혁명정부에 참여하는 것은 어떤 것이건 다 프롤레타리아트에 대한 배신이라고 원칙적으로 비난하는 무정부주의와 사회민주주의 정당이 봉기에 지도적인 영향력을 가지는 조건 하에서 그러한 참여를 요구하는 맑스주의 사이에서 동요하고 있다. 그들에게는 독자적인 입장이라는 것이 전혀 없다. 짜르 체제와 흥정하기를 원하고 그 때문에 봉기 문제를 회피하며 이리저리 둘러대어야 하는 스뜨루베 씨의 입장도, "위로부터의" 행동이라면 어떤 것이건, 부르주아혁명 참여라면 어떤 것이건 모두 비난하는 무정부주의자들의 입장도, 그들에게는 전혀 없다. 신『불꽃』파는 짜르 체제와 거래하는 것과 짜르 체제에 대한 승리를 혼동하고 있다. 그들은 부르주아혁명에 참여하기를 원한다. 그들은 마르띠노프의 『두 독재』에서 어느 정도는 앞으로 나아가 있다. 심지어 그들은 인민 봉기를 지도한다는 것에까지 동의했다. 다만, 승리의 직후에 (또는, 어쩌면 승리의 직전에) 이 지도를 거부한다는 조건으로, 즉 승리의 성과를 이용하지 않고 모든 성과를 통째로 부르주아지에게 넘겨주는 조건으로 말이다. 이것을 그들은 "노동자계급의 이해관계를 위해 봉기를 이용하는 것"이라고 일컫고 있다…….

이러한 혼란을 더 오래 살펴볼 필요는 없다. 그보다는, "극히

---

[*] 『프롤레타리아』 제3호의 「임시혁명정부에 관하여」 둘째 장을 보라.

혁명적인 반대파의 당으로 남아 있어야 한다."라는 정식화 속에 들어 있는 이 혼란의 원천을 고찰하는 것이 더 유용할 것이다.

우리 앞에 있는 것은 혁명적인 국제적 사회민주주의당의 잘 알려진 명제들 중 하나다. 그것은 전적으로 옳은 명제다. 그것은 의회 제도의 국가에서는 수정주의나 기회주의에 반대하는 모든 이들에게는 뻔한 말이 되어 버린 것이다. 그것은 "의회주의 크레틴병", 밀레랑주의, 베른슈타인주의, 그리고 뚜라띠의 정신 속에 구현된 이딸리아 개량주의에 대한 정당하고 필수적인 반격으로서 시민권을 획득했다. 우리의 착한 신『불꽃』파는 이 훌륭한 명제를 암기하여 열심히 그것을 적용하고 있다…….
전혀 때에 맞지 않게. 의회라곤 있지도 않은 조건을 위해 쓴 결의안 속에 의회투쟁이라는 범주가 삽입되어 있다. 어느 누구도 심각하게 봉기를 말하지 않는 정치 정세의 반영이자 표현이었던 "반대파"라는 개념이 봉기가 시작된 정세, 혁명의 모든 지지자들이 봉기의 지도에 관해 생각하고 말하고 있는 정세에 무의미하게 옮겨지고 있다. 이전과 같은 정세, 즉 오직 "아래로부터의" 행동만이 있을 경우 "남아 있어야 한다"라는 바람이 봉기의 승리 시 위로부터 행동해야 할 필요성의 문제가 혁명에 의해 제기된 바로 그 시점에 당당하고도 요란하게 진술되고 있다.

아니, 우리의 신『불꽃』파는 결정적으로 운이 없다! 자신들이 올바른 사회민주주의 명제를 정식화하고 있을 때조차 그들은 그것을 올바르게 적용시킬 줄을 모른다. 그들은 혁명이 시작된 시기, 의회는 없고 내전이 현존하며 폭발적 봉기가 현존할 경우, 의회투쟁이라는 개념과 그 용어가 어떻게 자신의 대립물로 변형되어 바뀌어 가는지는 생각하지 못했다. 그들은 앞에 언급한 조건 아래서는 가두시위가 개선을 제안하는 수단이며 무장한 시민들의 공격적인 행동이 질의를 제출하는 방식이며 폭력에 의한 정부의 타도가 정부에 대한 반대를 실현하는 수단이라는 것을 생각하지 못했다.

우리의 국민 서사시에 나오는 유명한 주인공이 조언이라는 것이 소용없게 된 바로 그런 때 훌륭한 조언들을 되풀이했던 것과 같이,[29] 우리의 마르띠노프 숭배자들 역시 자신들 스스로가 직접적인 전투 행동의 시작을 확인하고 있는 바로 그 순간에 평화적 의회주의의 교훈을 되풀이하고 있는 것이다. "혁명의 결정적인 승리"와 "인민 봉기"를 지적하는 것으로 시작되는 결의안에서 "극단적 반대파"라는 슬로건을 사뭇 엄숙하게 내세우는 것보다 더 우스꽝스러운 일은 없다! 신사 양반들, 봉기의 시기에 "극단적 반대파"인 것이 무엇을 의미하는지 생각이라도 해 보시라. 그것은 정부를 폭로한다는 뜻이오, 아니면 전복한다는 뜻이오? 그것은 정부에 반대하는 투표를 한다는 뜻이오 아니면 공개 전투를 통해 전투력으로 정부를 패배시킨다는 뜻이오? 그것은 정부의 국고를 채우기를 거부한다는 뜻이오, 아니면 봉기의 필요에, 노동자와 농민의 무장에, 제헌의회 소집에 국고를 활용하기 위해 그 국고를 혁명적으로 장악한다는 뜻이오? 신사 양반들, "극단적 반대파"라는 개념이 오직 부정적인 행동들, 즉 폭로하고, 반대투표를 하고, 거부하는 것 등을 표현한다는 것이 이제 이해되기 시작하지 않소? 어째서 그러냐고? 왜냐하면 이 개념은 오로지 의회투쟁, 그것도 투쟁의 직접적인 목표를 아무도 "결정적인 승리"로 제기하지 않는 그러한 시기의 투쟁에만 관련되기 때문이오. 정치적으로 억압당한 인민이 승리를 향해 필사적으로 투쟁하기 위해 모든 방면에서 결정적인 공격을 시작하고 있는 그러한 시점부터는 이와 관련하여 사태가 근본적으로 변한다는 것이 이해되기 시작하지 않소?

노동자들은 우리에게 묻는다. 봉기라는 절박한 대의에 정력적으로 매진해야 하는 것인가? 이미 시작된 봉기가 성공할 수 있으려면 어떻게 해야 하는가? 승리는 어떻게 이용할 것인가? 그럴 경우 어떤 강령을 실현할 수 있고, 또 실현해야 하는가? 맑스주의를 심화하고 있는 신『불꽃』파는 대답한다. 극히 혁명적인 반대파의 당으로 남아 있어야 한다……. 이 기사들을 속물근성의 달인들이라고 불렀다고 해서 과연 우리가 틀렸단 말인가?

10. "혁명적 꼬뮌", 그리고 프롤레타리아트와
농민의 혁명적 민주주의 독재

신『불꽃』파의 협의회는 신『불꽃』이 합의를 본 무정부주의적 입장("아래로부터와 위로부터도"가 아니라 오직 "아래로부터")을 고수하지는 않았다. 봉기는 허용하면서 승리하는 것과 임시혁명정부에 참여하는 것은 허용치 않는 불합리가 눈에 번쩍 띄던 것이다. 이 때문에 결의안은 마르띠노프와 마르또프식 문제 해결에 단서 조항을 달고 제한을 가했다. 결의안의 다음 부분에 서술되어 있는 이 단서 조항을 검토해 보자.

물론 이 전술("극히 혁명적인 반대파의 당으로 남아 있는다.")은 봉기의 확산과 정부의 와해를 지원한다는 목적만으로 몇몇 도시와 몇몇 지구에서 부분적이고 일시적으로 권력을 장악하여 혁명적 꼬뮌을 형성한다는 수단을 결코 배제하지는 않는다.

만일 그렇다면 이는 아래로부터의 행동만이 아니라 위로부터의 행동 역시도 원칙적으로 허용한다는 의미다. 그것은 마르또프가 『불꽃』(제93호)에 쓴 유명한 칼럼에서 내보인 명제가 무너지고 『전진』의 전술, 즉 "아래로부터"뿐만 아니라 "위로부터도"라는 전술이 올바른 것으로 인정된다는 뜻이다.

나아가, 권력의 장악(비록 부분적이고 일시적인 따위의 것이라도)이란 것이 오로지 사회민주주의당 혼자만의, 그리고 프롤레타리아트 혼자만의 참여를 전제하는 것이 아님은 분명한 일이다. 이는 민주주의혁명에 이해관계를 걸고 거기에 적극적으로 참여하는 것이 프롤레타리아트 혼자만이 아니라는 사실에서 기인한다. 이는 우리가 분석하고 있는 결의안의 첫 부분에 서술되어 있듯 봉기가 "인민적인" 것이라는 사실, 그리고 거기에는 "비프롤레타리아 그룹들"(봉기에 관한 협의회파 결의안의 표현임), 즉 부르주아지도 참여한다는 사실에서 기인한다. 이는 말하자면, 사회주의자들이 소부르주아지와 함께 임시혁명정부에 참여하는 것은 그 어떤 것이건 모두 노동자계급에 대한 배신이라는 원칙을 **협의회가 폐기했다**는 의미인데, 이는 『전진』이 얻으려 노력한 바다. "배신"은 그것을 구성하는 행위가 부분적이고 일시적이며 지역적인 것 등등이라 할지라도, 어쨌든 배신이긴 마찬가지다. 이는 말하자면, 임시혁명정부에 참여하는 것을 속류 조레스주의와 동일시하는 관점을 협의회가 **폐기했다**는 의미인데, 이 역시 『전진』이 얻으려 노력한 바다. 정부는 그 권력이 수많은 도시들이 아니라 하나의 도시에, 수많은 지구들이 아니라 하나의 지구에 미친다 해도, 어쨌든 정부이긴 마찬가지이며, 그 정부가 어떻게 불리든 마찬가지다. 이처럼, 신『불꽃』이 제공하려 애썼던 **원칙적인 문제 제기**를 협의회는 **내던져 버렸다.**

이제는 원칙적으로 허용한 혁명정부의 수립과 그 정부에 참여하는 것에 대해 협의회가 가하고 있는 제한들이 과연 분별 있는 것들인지 살펴보자. "일시적"이라는 개념이 "임시적"이라는 개념과 어떤 차이가 있는지 우리는 알지 못한다. 명료한 사고의 부재를 단지 "새로운" 외래어를 써서 은폐하고 있는 것이 아닌지 걱정스럽다.[30] 그렇게 하면 "더 심원해" 보이지만, 실제로는 더 막연하고 혼란스러울 뿐이다. 한 도시나 한 지구에서 부분적으로 "권력을 장악"한다는 수단과 전국적인 임시혁명정부에 참여하는 것이 어떤 차이가 있는가? 그 "도시들" 중에 1월 9일 사건[10]이 일어난 뻬쩨르부르크 같은 도시는 없단 말인가? 그 "지구들" 중에 여러 국가들보다 더 큰 깝까스 지구는 없단 말인가? 한 지구는 말할 것도 없고, 한 도시에서도 "권력을 장악" 할 경우에 (언젠가 신『불꽃』을 곤혹스럽게 했던) 감옥, 경찰, 국고 등등을 처리해야 할 임무가 우리 앞에 나타나지 않겠는가? 물론, 힘이 부족할 경우, 봉기가 불완전하게 성공할 경우, 봉기의 승리가 결정적이지 못할 경우, 일부 도시만의 다른 임시혁명정부가 생겨날 수도 있다는 점은 아무도 부인하지 않을 것이다. 하지만, 신사 양반들, 이것은 오직 그런 경우에만 해당되지 않겠는가? 결의안의 첫 부분에서 "혁명의 결정적인 승리"에 관해, "성공적인 인민 봉기"에 관해 말하고 있는 것은 바로 당신들 자신이 아닌가?? 프롤레타리아트의 관심과 목표를 세분하여, 전반적인 것, 통일적인 것, 온전한 것, 완전한 것 등이 아닌 "부분적인 것"에 프롤레타리아트의 관심을 돌리는 무정부주의자들의 대의를 언제부터 사회민주주의자들이 떠맡아 왔단 말인가? 한 도시에서의 "권력 장악"을 전제하면서 당신들 자신이 모든 도시로의 "봉기의 확산" — 다른 도시로의 확산이라니, 생각이나 할 수 있는 일인가? — 을 말하고 있으니, 그런 희망을 걸어도 괜찮단 말인가? 신사 양반들, 당신들의 결론은 당신들의 전제만큼이나 위태롭고 우발적이며 모순되고 혼란스럽다. 러시아 사회민주주의노동자당 제3차 대회는 임시혁명정부 일반에 관한 문제에 완벽하고 명료한 답을 제공했다. 모든 부분적인 임시정부들 역시 이 답 속에 포함되어 있다. 협의회의 답이라는 것은 인위적이고 독단적으로 문제의 **일부**를 분리시킨 것이어서, 전반적으로 (그것도 성과 없이) 문제를 **회피**하고 있을 뿐더러 혼란만 가져오고 있다.

"혁명적 꼬뮌"이란 무엇을 의미하는가? 이 개념은 "임시혁명정부"와는 다른 것인가, 그렇다면 어떻게 다른가? 협의회의 신사 양반들 자신도 이를 모른다. 혁명적인 생각의 혼란이란, 그럴 경우 언제나 그러하듯 그들에게 **혁명적 미사여구**로 귀결된다. 사실, 사회민주주의당 대표자들의 결의안에 "혁명적 꼬뮌"

이라는 단어를 사용하는 것은 혁명적 미사여구이지 그 이상의 무엇도 아니다. 이미 퇴색한 과거의 "매력적인" 용어로 미래의 임무들을 숨기는 그와 유사한 미사여구들을 맑스는 여러 차례 단죄한 바 있다. 역사에서 제 역할을 다한 용어의 매력은 이와 유사한 경우들에서 공허하고 유해한 허식이자 요란한 위안거리로 변해 버린다. 우리는, 무엇 때문에 우리가 임시혁명정부의 수립을 원하는지, 그리고 이미 시작된 인민 봉기가 성공적으로 마무리되어 당장 내일 우리가 권력에 결정적인 영향력을 미치게 된다면 대체 어떤 개혁을 실현할 것인지에 관한 명쾌하고 명확한 개념을 노동자들과 전 인민에게 제공해야 한다. 정치 지도자들 앞에 놓인 문제들은 바로 이런 것이다.

러시아사회민주주의노동자당 제3차 대회는 이 개혁의 완전한 강령, 즉 우리 당의 최소 강령을 제공하면서 이 문제들에 충분히 명확하게 답하고 있다. "꼬뮌"이라는 단어는 멀리서 들려오는 어떤 소리……, 혹은 너스레 허풍으로 머리를 어지럽히거나 할 뿐 아무런 대답도 제공하지 못한다. 이를테면, 1871년의 빠리꼬뮌[9]이 우리에게 소중하면 할수록, 그 과오와 특수한 조건들을 분석하지 않고 그것을 그저 인용하고 마는 것은 더욱더 허용될 수 없는 것이다. 그렇게 하는 것은 (1874년의 『선언』에서) 꼬뮌의 모든 행동을 숭배했던 블랑끼주의자들, 엥겔스의 비웃음을 샀던 그들의 바보 같은 예를 되풀이함을 의미한다.[31] 결의안에 언급된 이 "혁명적 꼬뮌"에 관해 노동자가 묻는다면 협의회파는 무엇이라 말할 것인가? 그들이 말해 줄 수 있는 것은 단지, 역사에 이런 이름으로 알려진 그런 노동자 정부가 있는데, 그 정부는 당시 민주주의 변혁의 요소들과 사회주의 변혁의 요소들을 구별할 줄 몰랐고, 그래서 그렇게 할 수도 없었고, 공화제를 위한 투쟁의 임무를 사회주의를 위한 투쟁의 임무와 혼동했고, 베르사유에 대한 정력적인 군사 공격의 임무를 해결할 줄 몰랐으며 프랑스은행을 장악하지 못한 과오를 저질렀다, 등등일 뿐이다. 한마디로, 당신들이 답변을 통해 빠리꼬뮌에 대해 아니면 다른 어떤 꼬뮌에 대해 의견을 밝힌다면, 당신들의 대답이란 그것은 우리의 것이 되어서는 안 될 정부였다는 식이 될 것이다. 훌륭한 대답이다, 그렇고말고! 당의 실천적 강령에 대해 침묵으로 일관하면서 결의안에서 때 맞지 않는 역사 강의를 시작할 때, 이는 혁명가의 무기력과 교조주의자의 현학적 궤변을 증명하는 것이 아니겠는가? 이는 바로, 그 어떤 "꼬뮌들"도 구별하지 못하고 민주주의 변혁과 사회주의 변혁을 혼동한 과오, 우리에게서 적발해 내려고 헛되이 애쓴 그 과오를 보여 주고 있지 않은가?

(적절치 않게 꼬뮌이라 명명된) 임시정부의 목표로 "배타적으로" 제출된 것은 봉기의 확산과 정부의 와해다. 이는 "오직 아래로부터"라는 불합리한 이론의 찌꺼기이며, 다른 온갖 임무들을 글자 그대로의 의미에서 "배타적으로" 제거하고 있다. 다른 임무들을 이처럼 제거한다는 것은 또 하나의 근시안이요, 생각의 짧음이다. "혁명적 꼬뮌", 즉 혁명 권력은 비록 한 도시에서일지라도 필연적으로 **모든** 국가적 대의를 수행해야 하는 것이니(설령 임시적이고, "부분적이고 일시적"일지라도), 여기서 날개 밑으로 머리를 숨기려는 것은 어리석음의 극치다. 이 권

력은 8시간 노동일을 법제화하고 공장에 대한 노동자 감사권을 제정하고 보통교육을 무상으로 실시하고 법관 선출제를 도입하며 농민위원회를 설립하는 등등의 일을 해야 할 것이다. 한마디로 혁명 권력은 수많은 개혁을 반드시 수행해야 할 것이다. 이러한 개혁들을 "봉기의 확산을 지원한다"라는 개념으로 수렴하는 것은 말장난이요, 완전한 명료함이 요구되는 곳에 일부러 모호함만 가중시키는 짓이다.

———

신『불꽃』과 결의안의 결론 부분은 우리 당 안에 부활한 "경제주의"의 원칙적인 경향들을 비판하는 데 새로운 자료를 제공하지는 못하지만, 위에서 언급한 것을 조금 다른 측면에서 묘사하고 있다.

이것이 그 부분이다.

오직 한 가지 경우에만 사회민주주의당은 자신들의 주도로 권력을 점유하고 가능한 한 그것을 수중에 오래 유지하기 위한 노력을 기울여야 하는데, 이는 바로 사회주의 실현을 위한 조건이 일정 정도(?) 성숙해 있는 서유럽의 선도적인 국가들로 혁명이 급속히 이동해 갈 경우다. 이 경우 러시아의 혁명이 지닌 제한된 역사적 한계는 상당히 트일 수 있으며 사회주의적 개혁의 길로 진출할 수 있는 가능성이 생겨날 것이다.

혁명의 전 기간에 걸쳐 사회민주주의당은 혁명 과정에서 교체되는 모든 정부에 대해 극히 혁명적인 반대파의 지위를 유지한다는 전망 속에서 우리의 전술을 만듦으로써, 만일 정부 권력이 수중에 들어온다면(??) 가장 훌륭하게 그 권력을 이용할 준비를 갖출 수 있을 것이다.

여기에 나타난 기본적인 생각은 『전진』이 이미 여러 차례 정식화했던 것이며, 『전진』은 민주주의혁명에서 사회민주주의의 완전한 승리, 즉 프롤레타리아트와 농민의 혁명적 민주주의 독재를 우리가 (마르띠노프가 두려워하듯이) 두려워해서는 안 된다고 말한 바 있다. 그러한 승리는 유럽을 궐기시킬 수 있는 기회를 우리에게 제공할 것이며, 부르주아지의 멍에를 벗어던진 유럽의 사회주의적 프롤레타리아트는 거꾸로 우리가 사회주의 변혁을 수행할 수 있도록 도와줄 것이기 때문이다. 하지만 신 『불꽃』파의 서술에서는 이러한 생각이 얼마나 개악되어 있는지 한번 보라. 우리는 부분적인 것들에 관해서는, 즉 권력 장악을 유해한 전술로 간주하는 의식적 당의 수중에 권력이 "들어올" 수 있기라도 한 듯 생각하는 그런 터무니없음이나, 유럽에는 사회주의를 위한 조건이 일정 정도 성숙해 있는 것이 아니라 전반적으로 성숙해 있다는 점이나, 우리 당의 강령은 사회주의적 개혁이라는 것은 알지 못하며 오로지 사회주의 변혁만을 알고 있다는 것 등에 관해서는 검토하지 않을 것이다. 『전진』의 생각과 신『불꽃』파 결의안의 생각의 주요하고도 기본적인 차이를 한번 보자. 『전진』은 러시아의 혁명적 프롤레타리아트에게 적극적인 임무, 즉 민주주의를 위한 투쟁에서 승리하고 유럽으로 혁명을 전파하기 위해 이 승리를 이용해야 하는 임무를 적시했다. 결의안은 우리의 "결정적인 승리"(신『불꽃』파 식 의미가 아닌) 와 유럽에서의 혁명 사이의 이러한 관계를 이해하지 못하고, 그런 까닭에 프롤레타리아트의 임무가 아니라, 또 **프롤레타리아트** 의 승리의 전망이 아니라, "혁명이 급속히 이동해 갈 경우"…… 라는 식의 일반적 가능성들 중 하나를 말하고 있는 것이다.『전 진』은 사회 발전의 당면한 단계에서는 바로 지금 무엇을 실현 할 수 있는지, 그리고 사회주의를 위한 투쟁의 민주주의적 전 제로서는 우선 필수적으로 무엇을 실현해야 하는지를 중시하 면서, 프롤레타리아트에게 이익이 되도록 어떻게 "정부 권력을 이용"할 수 있는지, 또 이용해야 할 것인지를 직접적으로, 그리 고 확연하게 지적했다. 그리고 이러한 지적은 러시아사회민주 주의노동자당 제3차 대회 결의안에 포함되어 있다. 신『불꽃』파 결의안은 "이용할 준비를 갖출 수 있을 것"이라고 말하면서, 그 러나 어떻게 그럴 수 있는지, 어떻게 준비할 것인지, 어떤 이용인 지에 관해서는 말할 능력이 없는 까닭에 여기서도 역시 꽁무니 에서 가망 없이 끌려다니고 있다. 예컨대, 우리는 신『불꽃』파가 당내에서 지도적 지위를 "이용할 준비를 갖출 수 있을 것"은 의 심하지 않지만, 문제는 지금까지의 그들의 이용 경험과 준비로 볼 때 가능성이 현실로 변화하기를 기대하는 것이 어렵다는 점 이다…….

『전진』은 "권력을 자신의 수중에 유지할" 현실적 "가능성" 이 바로 어디에 있는지를 정확히 말하였으니, 그것은 프롤레타 리아트와 농민의 혁명적 민주주의 독재에, 모든 반혁명 세력을 압도할 수 있는 그들 공동의 대중적 힘에, **민주주의 개혁에 대한 그들 이해관계의 필연적인 일치**에 있는 것이다. 협의회 결의안은 여기서도 역시 그 어떤 긍정적인 것도 제공하지 못한 채 문제를 회피하고 있을 뿐이다. 사실, 러시아에서 권력을 유지할 가능성은 러시아 자체의 사회 세력들의 구성, 그리고 우리 나라에서 지금 일어나고 있는 민주주의 변혁의 조건들에 달려 있는 것이다. 유럽에서 프롤레타리아트가 승리한다면(유럽으로 혁명을 옮기는 것에서부터 프롤레타리아트의 승리에 이르기까지에는 아직 어느 정도의 간극이 있다.), 이는 그야말로 러시아 부르주아지의 필사적인 반혁명 투쟁을 불러일으킬 것이다. 그런데 신『불꽃』파 결의안은 러시아사회민주주의노동자당 제3차 대회 결의안에서 그 의의가 평가된 바 있는 이러한 반혁명 세력에 대해서 일언반구도 없다. 우리가 공화제와 민주주의를 위한 투쟁에서 프롤레타리아트 외에 농민에게는 의존할 수 없다면, "권력의 유지"라는 것은 가망 없는 일이 될 것이다. 그에 반해, 만일 그것이 가망 없는 일이 아니라면, "짜르 체제에 대한 혁명의 결정적인 승리"가 그러한 가능성을 연다면, 우리는 그 가능성을 지적하고 그것이 현실로 변화해야 함을 적극적으로 촉구하고 유럽으로 혁명이 옮아갈 **경우에 대해서만이** 아니라 그렇게 옮아가게 하기 **위해서라도** 실천적인 슬로건들을 제공해야 한다. 사회민주주의당의 꽁무니주의자들이 "러시아의 혁명이 지닌 제한된 역사적 한계"를 들먹이는 것은 이 민주주의혁명의 임무와 이 혁명에서의 프롤레타리아트의 선도적 역할에 대한 제한된 이해를 은폐시키는 것일 뿐이다!

"프롤레타리아트와 농민의 혁명적 민주주의 독재"라는 슬로건에 대한 반론들 가운데 하나는 독재란 "일치된 의지"(『불꽃』 제95호)를 전제하는 것인데 소부르주아지와 프롤레타리아트에게는 일치된 의지가 있을 수 없다는 것이다. 이러한 반론은 "일치된 의지"란 개념을 추상적으로, "형이상학적으로" 해석한 데 근거를 두고 있으므로 불충분하다. 어떤 점에서는 일치된 의지가 있을 수 있지만, 다른 점에서는 일치하지 않을 수도 있다. 사회주의의 문제에서, 그리고 사회주의를 위한 투쟁에서 일치점이 없다고 해서 민주주의의 문제와 공화제를 위한 투쟁에서 의지의 일치가 배제되지는 않는다. 이 점을 잊는다는 것은 민주주의 변혁과 사회주의 변혁 사이의 논리적이고 역사적인 차이를 잊고 있음을 의미한다. 이 점을 잊는다는 것은 민주주의 변혁의 전 인민적 성격을 잊고 있음을 의미한다. 이 변혁이 "전 인민적"이라면, 그것이 전 인민적 필요와 요구를 실현하는 한, 바로 그런 만큼 "의지의 일치"가 있음을 의미한다. 민주주의의 한계를 넘어서는 것에 대해서는 프롤레타리아트와 농민 부르주아지 사이의 의지의 일치라는 말 자체가 성립될 수 없다. 그들 사이의 계급투쟁은 필연적인 것이지만, 이 투쟁이 **사회주의**를 위한 가장 심오하고 가장 광범위한 인민 투쟁이 되는 것은 민주주의 공화제라는 기반 위다. 세상의 모든 것이 그렇듯이, 프롤레타리아트와 농민의 혁명적 민주주의 독재에도 과거와 미래가 있다. 그것의 과거는 전제 정체, 농노제, 군주제, 특권이다. 이 과거에 대한 투쟁에서, 반혁명에 대한 투쟁에서 프롤레타리아트와 농민의 "의지의 일치"가 가능한 것은 이해관계가 일치되어 있기 때문이다.

그것의 미래는 사적 소유에 맞선 투쟁, 고용주에 대한 임금 노동자의 투쟁, 사회주의를 위한 투쟁이다. 여기서는 의지의 일치가 불가능하다.* 여기서는 우리 앞에 전제 정체에서 공화제에 이르는 길이 아니라 소부르주아 민주주의 공화제에서 사회주의로 이르는 길이 놓인다.

물론, 구체적인 역사 상황에서는 과거의 요소와 미래의 요소가 서로 뒤얽혀 있고, 이 길과 저 길이 혼재되어 있다. 임금노동과 사적 소유에 맞선 임금노동의 투쟁은 전제 정체 하에서도 존재하며, 임금노동은 심지어 농노제 하에서도 생긴다. 그러나 그렇다고 해서 우리가 굵직한 발전의 단계들을 논리적으로, 그리고 역사적으로 구분하지 못하는 것은 결코 아니다. 우리 모두가 부르주아혁명과 사회주의혁명을 대립시키고 그것들 사이의 엄격한 준별의 필요성을 절대적으로 주장하고 있다고 해서, 역사에서 이 두 변혁의 개별적이며 부분적인 요소들이 서로 뒤얽혀 있다는 것을 부인할 수 있는가? 유럽에서는 민주주의혁명의 시대에 일련의 사회주의 운동과 사회주의적 시도들이 없었겠는가? 또한, 유럽에서의 미래의 사회주의혁명에는 민주주의라는 의미에서 보완해야 할 것이 여전히 많이 남아 있지 않겠는가?

사회민주주의자는 프롤레타리아트가 사회주의를 위하여 가장 민주주의적이고 공화주의적인 부르주아지 및 소부르주아지

---

* 자유가 존재하는 가운데서의 더욱 광범위하고 급속한 자본주의의 발전은 필연적으로 의지의 일치에 신속히 종지부를 찍게 만든다. 이는 반혁명과 반동이 신속히 분쇄되면 될수록 더 빨리 일어나게 될 것이다.

와 필연적으로 계급투쟁을 벌여야 한다는 것을 한순간도 잊어서는 안 된다. 이 점은 의심할 나위가 없다. 사회민주주의당이 개별적이며 독자적인 엄격한 계급적 당이어야 할 절대적 의무가 이로부터 나온다. 우리가 부르주아지와 "함께 타격한다"라는 것의 일시적 성격과 "적과 마찬가지로 동맹자도" 엄격히 감시해야 할 책무 등등이 이로부터 나온다. 이 모든 것 역시 추호도 의심할 나위가 없다. 그러나 이로부터 비록 과도적이고 일시적인 임무일지라도 현재로서는 절박한 그러한 임무들을 잊고 무시하거나 경시하는 결론을 내리는 것은 우스꽝스럽고도 반동적인 일이 될 것이다. 전제 정부에 대한 투쟁은 사회주의자들에게는 과도적이고 일시적인 임무이지만, 이 임무를 무시하거나 경시하는 것은 모두 사회주의에 대한 배신이고 반동에 봉사하는 것과 다름없다. 프롤레타리아트와 농민의 혁명적 민주주의 독재는 사회주의자들에게는 절대적으로 과도적이며 일시적인 임무에 불과하지만, 민주주의혁명의 시대에 이 임무를 무시하는 것은 그야말로 반동적인 짓이다.

구체적인 정치적 임무는 구체적인 상황 속에서 제기되어야 한다. 모든 것은 상대적이고, 모든 것은 흘러가며, 모든 것은 변화한다. 독일의 사회민주주의당은 공화제라는 요구를 강령에서 제기하지 않는다. 그곳은 이 문제가 실천에서 사회주의라는 문제와 거의 분리되지 않는 정세인 것이다. (비록 엥겔스가 1891년 에어푸르트 강령 초안에 붙인 주석에서 독일에 대해서조차 공화제와 공화제를 위한 투쟁의 의의를 과소평가하지 말라고 경고했지만 말이다!)[32] 러시아의 사회민주주의당에서는 공화제라는 요구를 강령에서, 그리고 선동에서 제외해야 하는가라는 문제조차 발생하지 않았다. 왜냐하면 우리 나라에서는 공화제의 문제와 사회주의의 문제 사이의 불가분의 관계가 언급될 수도 없기 때문이다. 1898년의 독일 사회민주주의자가 공화제라는 문제를 특별히 최우선적인 것으로 제기하지 않은 것은 경악도 비난도 불러일으키지 않는 당연한 현상이다. 1848년에 독일의 사회민주주의자가 공화제의 문제를 뒷전에 젖혀 놓았더라면 그는 완전한 혁명의 배신자였을 것이다. 추상적인 진리란 없다. 진리란 언제나 구체적인 것이다.

때가 오고 있다. 러시아 전제 정체에 대한 투쟁은 끝나고 러시아는 민주주의혁명의 시대를 지날 것이다. 그때가 되면 프롤레타리아트와 농민의 "의지의 일치", 민주주의 독재 등등에 관해 말한다는 것조차 우스꽝스러운 일이 될 것이다. 그때가 되면 우리는 프롤레타리아트의 사회주의 독재를 직접 생각하게 될 것이고, 그에 관해 더 상세하게 언급하게 될 것이다. 하지만 지금, 선도적인 계급의 당은 짜르 체제에 대한 민주주의혁명의 결정적인 승리를 위해 가장 정력적으로 노력하지 않을 수 없다. 여기서 결정적인 승리란 프롤레타리아트와 농민의 혁명적 민주주의 독재 외에 다른 아무것도 아니다.

주[33]

1) 『불꽃』과 『전진』의 논쟁에서 『불꽃』은 엥겔스가 뚜라띠에게 보낸 편지를 인용했는데, 독자께 상기시켜야 할 점은 그 편지에서 엥겔스는 이딸리아 개량주의자들의 (미래의)

지도자에게 민주주의혁명과 사회주의혁명을 혼동하지 말라고 경고했다는 사실이다. 엥겔스는 1894년의 이딸리아 정치 정세에 관해, 이딸리아의 임박한 혁명은 소부르주아 민주주의혁명이지 사회주의혁명은 아니라고 서술한 바 있다. 『불꽃』은 엥겔스가 정한 원칙에서 이탈했다고 『전진』을 비난했다. 이러한 비난은 옳지 않은데, 전반적으로 보아 『전진』(제14호)은 19세기 혁명의 3대 주요 세력들의 차이점에 관한 맑스 이론의 올바름을 충분히 인정한 바 있기 때문이다. 이 이론에 따르면, 구질서, 전제 정체, 봉건제, 농노제 등에 반대해 나서고 있는 것은 1) 자유주의적 대부르주아지, 2) 급진적 소부르주아지, 3) 프롤레타리아트다. 첫째 세력은 입헌군주제를 위해 싸울 뿐 그 이상이 아니다. 둘째 세력은 민주주의 공화제를 위해 싸운다. 셋째 세력은 사회주의 변혁을 위해 싸운다. 완전한 민주주의 변혁을 위한 소부르주아지의 투쟁을 사회주의혁명을 위한 프롤레타리아트의 투쟁과 혼동하는 것은 사회주의자에게는 정치적 붕괴를 뜻할 만큼 위험한 일이다. 맑스의 이러한 경고는 충분히 올바르다. 하지만 "혁명적 꼬뮌"이라는 슬로건은 바로 이런 이유에서 잘못된 것인데, 그것은 역사상 잘 알려진 꼬뮌들이 바로 민주주의 변혁과 사회주의 변혁을 혼동했기 때문이다. 그와 반대로, 우리의 슬로건, 즉 프롤레타리아트와 농민의 혁명적 민주주의 독재는 이러한 과오로부터 우리를 온전히 지켜 준다. 우리의 슬로건은, 오로지 민주주의적일 뿐인 변혁의 틀을 직접 넘어설 수 없는 혁명의 부르주아적 성격을 당연히 인정하면서도 주어진 이 변혁을 앞으로 밀고 나간다. 프롤레타리아트에게 가장 유리한 형태를 이 변혁에 부여하려고 노력하며, 결국 사회주의를 위한 프롤레타리아트의 성공적인 향후 투쟁을 위해 민주주의 변혁을 최대한 이용하려 노력하는 것이다.

11. 러시아사회민주주의노동자당 제3차 대회 결의안과 "협의회"의 몇몇 결의안의 개략적인 비교

현재의 시기에서 사회민주주의당의 전술 문제들의 중심 항목은 임시혁명정부의 문제다. 협의회의 다른 결의안들을 그만큼 상세하게 검토하는 것은 가능하지도 않거니와 필요치도 않다. 우리는 러시아사회민주주의노동자당 제3차 대회 결의안들과 협의회 결의안들의 전술적 경향에서 우리가 위에서 분석한 원칙적인 차이점을 확인시켜 주는 몇몇 항목들을 간략하게 지적하는 정도로만 그칠 것이다.

변혁 전야의 정부 측 전술에 대한 태도 문제를 짚어 보자. 여러분은 다시 한 번 러시아사회민주주의노동자당 제3차 대회 결의안에서 그에 관한 통일성 있는 답변을 발견하게 될 것이다. 이 결의안은 특수한 시점의 다양한 조건들과 임무들을 모두 고려하고 있다. 정부가 취한 양보의 위선도 폭로하고, "우스꽝스러운 인민 대표제 형태들" 역시 이용하고, 노동자계급의 절실한 요구들(그중 으뜸은 8시간 노동일)도 혁명적으로 실현하고, 끝으로 검은 도당[12]에 반격한다는 것이 그런 것이다. 협의회 결의안들에는 문제가 몇몇 부문으로 분산되어 있다. "암흑의 반동 세력들에 대한 반격"은 다른 당들에 대한 태도를 언급한 결의안의 주제부에만 겨우 거론되어 있다. 대표자 기구 선거에 참여하는 것은 짜르 체제와 부르주아지의 "타협들"과는 별도로 검토되고 있다. 혁명적 방식으로 8시간 노동일의 실현을 호소하는 대신, "경제투쟁에 관하여"라는 거창한 이름의 특별 결의안을 통해 ("러시아의 사회생활에서 노동자 문제가 차지하는 중심적 위치"에 관한 요란하고 어리석기 짝이 없는 말들에 이어) "8시간 노동일의 법제화"를 위한 선동이라는 낡은 슬로건을 되풀이하고 있을 뿐이다. 현시점에서 이런 슬로건이 불충분하며 뒤떨어진 것이라는 점은 증명할 필요가 없을 정도로 명료하다.

공개적인 정치적 행동의 문제. 제3차 대회는 우리 활동에 임박한 근본적인 변화를 고려하고 있다. 비밀 활동과 비밀 기구의 발전은 어떤 경우든 포기해서는 안 된다. 그런 것을 포기하게 된다면 경찰의 손에 놀아나는 격이며 정부에 더할 수 없이 이롭게 될 것이다. 그렇지만 이제는 공개적인 행동 역시 생각하지 않을 수 없다. 그런 행동의 합목적적인 형태를, 또한 그에 따라 이 목표를 위한 특별 기구 — 덜 비밀적인 — 를 즉각 준비해야 한다. 가능하다면, 러시아에서 합법단체들과 반+합법단체들을 미래의 공개적인 사회민주주의노동자당의 거점으로 변화시키기 위해 이용해야 한다.

협의회는 여기서도 문제를 세분하여 전체적인 슬로건은 하나도 제공하지 못하고 있다. 특히 돌출적인 것은 조직위원회에게 합법 문필가들의 "배치"를 신경 쓸 것을 위임한 일인데, 이는 우스꽝스러운 일이다. "노동자운동을 지원하는 것을 목표로 삼고 있는 민주주의적 신문들을 우리의 영향력에 종속시킨다."라는 결정은 정말 얼토당토않다. 이런 목표는 그 경향상 거의 예외 없이 『해방』을 따르는 우리의 합법적인 자유주의적 신문들이 모두 제기하고 있는 것이다. 『불꽃』의 편집국은 왜 자신들의 조언을 이행하는 것, 바로 그것부터 시작하지 않는 것이며, 『해방』을 사회민주주의자들의 영향력에 어떻게 종속시켜야 하는지 그 모범을 우리에게 보여 주지 않는 것인가? 당의 거점을 만들기 위해 합법 결사들을 이용한다는 슬로건 대신 우리에게 제공된 것은 첫째, 오직 "업종별" 조합들에 관한 부분적인 조언(당원은 그것에 의무적으로 참여해야 한다.)과 둘째, "노동자의 혁명적 조직들" = "무정형의 조직들" = "혁명적 노동자 서클들"을 지도하라는 조언이다. 이 "서클들"이 어떻게 무정형의 조직들로 나타나게 되었는지, 도대체 이 "서클들"이란 무엇인지, 그런 것은 알라만이 안다. 우리가 보고 있는 것은 당 최고 기구의 정확하고도 명료한 지시가 아니라 문필가들이 대충 휘갈긴 사상들과 초안에 해당하는 메모들이다. 당이 활동 전반에 걸쳐 완전히 다른 기반으로 옮겨 가기 시작한 것에 관해서는 어떠한 전체적 청사진도 없다.

"농민 문제"를 당대회와 협의회는 완전히 다르게 제기했다. 대회는 "농민운동에 대한 태도"에 관한 결의안을 작성하였다. 협의회는 "농민들 가운데서의 활동"에 관한 결의안을 작성하였다. 전자의 경우, 짜르 체제에 대한 투쟁이 전 국민에게 이익이 되도록 광범위한 혁명적 민주주의 운동 전체를 지도할 임무를 최우선적인 것으로 내세우고 있다. 후자의 경우, 문제는 특수한 한 계층 가운데서의 "활동"으로만 귀결된다. 전자의 경우, 선동의 중심적 실천 슬로건으로서 민주주의 개혁 전반을 실행하기 위해 혁명적 농민위원회를 즉각 조직하자는 것을 내세우고 있다. 후자의 경우, "위원회 구성 요구"는 제헌의회에 제출되어야 한다는 것이다. 왜 우리가 이 제헌의회를 꼭 기다려야 한단 말인가? 그것이 실제로 제헌하는 기관이 되겠는가? 혁명적 농민위원회를 예비적으로, 그리고 동시에 수립하지 않는다면 제헌의회가 견고해지겠는가? 이 모든 문제들을 협의회는 간과하고 있다. 협의회의 모든 결정들은 우리가 추적해 온 일반적 사상, 즉 부르주아혁명에서 우리는 우리 자신의 전문적인 활동만을 해야 하며 전체 민주주의 운동을 지도하고 그 운동을 독자적으로 실행한다는 목표를 세워서는 안 된다는 사상을 반영하고 있다. "경제주의자들"이 항상 경제투쟁은 사회민주주의자들의 몫이고 정치투쟁은 자유주의자들의 몫이라는 생각으로 빗나갔던 것같이, 신『불꽃』파는 자신들의 논의를 전개하는 전 과정에서 부르주아혁명에서 떨어져 한 구석에 겸손하게 있는 것이 우리의 몫이고 그 혁명을 적극적으로 실행하는 것은 부르주아지의 몫이라는 생각으로 빗나가고 있다.

끝으로, 다른 당들에 대한 태도를 다룬 결의안 역시 언급하지 않을 수 없다. 러시아사회민주주의노동자당 제3차 대회 결의안은 부르주아지의 해방운동이 갖는 온갖 제한성과 불충분함을 폭로할 것을 말하고 있지만, 그렇다고 해서 대회 때마다 번번이 이런 제한성의 가능한 모든 사례를 나열하거나 좋은 부르주아와 나쁜 부르주아를 분리하는 선을 그으려는 고지식한 생각에 빠지지 않는다. 협의회는 스파로베르의 과오를 되풀이하면서 그런 선을 찾기에 급급하고 그 유명한 "리트머스 종이"론을 발전시키고 있다. 스파로베르는 부르주아지에게 훨씬 엄격한 조건을 제기한다는 매우 좋은 사상에서 출발했다. 단지 그가 잊고 있었던 것은 승인과 합의 등을 할 만한 가치가 있는 부르주아 민주주의자들과 그럴 가치가 없는 자들을 미리 분리해 놓으려는 모든 시도는 "정식"을 이끌어내게 되며 그 정식이 지금은 사태의 발전으로 인해 내팽개쳐지고 있으며 프롤레타리아트의 계급의식의 혼란을 초래한다는 사실이다. 투쟁 속의 현실적 일치에서 선언, 약속, 슬로건 등으로 무게중심이 옮겨지고 있는 것이다. 스파로베르가 그러한 근본적인 슬로건으로 간주한 것이 "보통, 평등, 직접, 비밀 선거권"이었다. 2년도 채 지나지 않아 그 "리트머스 종이"는 부적합하다는 사실이 증명되었고, 보통선거권이라는 슬로건은 『해방』파가 가로채 갔다. 게다가 『해방』파는 이 슬로건으로부터 사회민주주의당에 접근해 가기는커녕 정반대로 바로 그것을 이용하여 노동자들을 혼란에 빠뜨리고 그들이 사회주의에서 멀어지게 하기 위해 애쓰고 있다.

이제 신『불꽃』파는 더욱더 "엄격한" "조건들을" 제출하고 있으며 "조직된 프롤레타리아트의 온갖 결정적 행동을 정력적이고 명확하게(!?) 지지해 줄 것" 등을, 더 나아가 "인민의 자체 무장이라는 대의에 적극 참여해 줄 것"까지를 짜르 체제의 적들에게 "요구하고" 있다. 선은 상당히 멀리 그어졌다. 그럼에도 불구하고 이 선 역시 이미 쓸모가 없어졌으며 그 부적합성이 금방 드러났다. 이를테면, 왜 공화제 슬로건이 빠져 있는가? "신분제적 군주주의 질서의 모든 기초들에 맞선 가차 없는 혁명전쟁"을 위해, 공화제를 위한 투쟁만 빼고 원하는 모든 것을 사회민주주의자들이 어떤 방식으로 부르주아 민주주의자들에게 "요구"한다는 말인가?

이 질문이 생트집이 아니며 신『불꽃』파의 과오가 사활을 건 정치적 의의를 갖고 있음을 증명하는 것이 러시아해방연맹[15]이다(『프롤레타리아』 제4호를 보라).* 이 "짜르 체제의 적들"은 신『불꽃』파의 모든 "요구들"에 너무나 잘 어울린다. 우리는 그동안 『해방』파의 정신이 이 러시아해방연맹의 강령(혹은 무無강령)을 지배하고 있으며, 『해방』파가 이들을 쉽게 견인할 수 있다는 것을 보여 준 바 있다. 그럼에도 협의회는 결의안의 끝 부분에서 다음과 같이 선언한다. "사회민주주의당은 자유주의와 민주주의의 깃발을 내걸면서도 프롤레타리아트의 혁명 투쟁에 대한 실제적인 지지를 거부하는 모든 정당들에 맞서 위선적인 인민의 벗에 맞서듯 변함없이 싸워 나아갈 것이다." 러시아해방연맹은 이런 지지를 거부하지 않을 뿐더러 열성적으로 그것을 제안하고 있다. 하지만 이것이 그 지도자들이 『해방』파일지라도 "위선적인 인민의 벗"은 아니라는 보증이 될 수 있는가?

---

* 1905년 6월 4일에 발간된 『프롤레타리아』 제4호에는 「새로운 혁명적 노동자 연합」이라는 대단히 긴 논설이 실려 있다. 이 논설은 "러시아해방연맹"이라는 명칭을 얻었으며 무장봉기에 힘입어 제헌의회를 소집하는 것을 목표로 삼은 이 연맹의 호소문 내용을 옮겨 싣고 있다. 나아가 이 논설은 당적이 없는 이런 연맹에 대한 사회민주주의자들의 태도를 규정하고 있다. 이런 연맹이 어느 만큼 현실적이었는지, 혁명에서 그것이 어떤 운명을 맞았는지 우리는 전혀 알지 못한다. (저자가 1907년판에 붙인 주.)

여러분들은 신『불꽃』파가 "조건들"을 앞서 지어내고 극에 달한 무기력으로 희극적이기까지 한 "요구들"을 제출함으로써 그 즉시 우스꽝스러운 처지에 빠지고 마는 상황을 보고 있다. 그들의 조건들과 요구들은 살아 있는 현실을 가늠하기에 부족하다는 것이 금방 드러난다. 부르주아 민주주의의 위선, 일관성 없음, 제한성 따위가 발현하는 갖가지 현상들은 그 어떤 정식으로도 포착할 수 없는 까닭에, 그들의 정식 좇기라는 것은 가망이 없는 일이다. 문제는 "리트머스 종이", 정식들, 기록되어 인쇄된 요구들, 위선적인 "인민의 벗"과 위선적이지 않은 "인민의 벗"을 사전에 구분하는 것 따위가 아니다. 문제는 투쟁을 현실적으로 통일하는 것이며, 부르주아 민주주의의 "비틀거리는" 행보 하나하나를 사회민주주의자들이 끊임없이 비판하는 것이다. "민주주의적 개조에 이해관계가 있는 모든 사회 세력들의 진실한 결합"을 위해 필요한 것은 협의회가 그토록 열심히, 그토록 헛되이 만들어 낸 "항목들"이 아니라 진정으로 혁명적인 슬로건들을 제출할 수 있는 능력이다. 이를 위해 필요한 것은 혁명적이고 공화주의적인 부르주아지를 프롤레타리아트의 수준으로 끌어올리는 슬로건들이지 프롤레타리아트의 임무를 군주주의적 부르주아지의 수준으로 폄훼하는 슬로건들이 아니다. 이를 위해 필요한 것은 봉기에 정력적으로 참여하는 것이지, 무장봉기라는 긴급한 임무를 궤변적 논리로 발뺌하는 것이 아니다.

12. 부르주아지가 민주주의혁명에서 물러서면 민주주의혁명의 강도가 약해지는가?

위의 문장은 『불꽃』이 출판한 신『불꽃』파의 깝까스협의회 결의안을 우리가 입수했을 때 이미 적혀 있던 것이다. Pour la bonne bouche(좋은 끝맺음을 위해) 이보다 더 좋은 자료를 우리가 고안해 낼 수도 없을 것이다.

『불꽃』의 편집국은 정당하게도 다음과 같이 언급하고 있다. "기본적인 전술 문제에서 깝까스협의회 역시 전러시아협의회(그러니까 신『불꽃』파)에서 채택된 것과 유사한(정말 그렇다!) 결정에 도달했다." "깝까스 동지들은 『전진』그룹과 그 그룹에 합류한 이른바 대회 대의원들이 선전하고 있는 새로운 방법에 대해 철저히 부정적인 태도를 보이는 것으로 임시혁명정부에 대한 사회민주주의당의 태도 문제를 결정했다." "부르주아혁명에서 프롤레타리아 당의 전술에 대한 협의회의 정식화는 매우 적절한 것임을 인정해야 한다."

진리라면 진리다. 신『불꽃』파의 근본적인 과오를 이보다 더 "적절하게" 정식화할 수 있는 사람은 아무도 없을 것이다. 먼저 괄호를 통해 꽃을 보여 주고, 그 다음에 끝에는 고매한 열매를 보여 주는 방식으로 이 정식화를 통째로 인용해 보자.

임시정부에 관한 신『불꽃』파 깝까스협의회의 결의안은 다음과 같다.

"프롤레타리아트의 사회민주주의 의식의 심화를 위해(물론, 그렇겠지! 그렇지만 '마르띠노프 식 심화를 위해!'라는 말을 덧붙였어야지.) 혁명적 시기를 이용하는 것을 자신의 임무로 간주하면서(공화제를 쟁취하기 위해서가 아니라 오직 의식의 심화를 위해? 이 얼마나 혁명에 대한 '심원한' 이해인가!), 협의회는 신생 부르주아국가 제도를 비판할 최고의 완전한 자유를 당에 확보해 주기 위해(공화제를 확보하는 것이 우리의 대의가 아니군! 우리의 대의는 비판의 자유를 확보하는 것뿐이라니 말이다. 무정부주의 사상은 무정부주의 언어를 낳는다. "부르주아국가" 제도라니!) 사회민주주의 임시정부를 구성하고 거기에 참여하는 것에 반대한다고 진술하며(에스파냐 혁명이 있기 10개월 전에 바꾸닌주의자들이 만든 것이며 엥겔스가 인용한 바 있는 결의안을 상기해 보시길.『프롤레타리아』 제3호를 보라.[34]), "역량이 되는 대로(?!) 국가 제도를 민주화하기 위해 부르주아 임시정부에 외부로부터(위로부터가 아니라 아래로부터) 압력을 가하는 것이 가장 합목적적이라고 생각한다. 협의회는 사회민주주의자들이 임시정부를 구성하거나 거기에 참가한다면 한편으로는 사회민주주의당에 실망한 광범위한 프롤레타리아트 대중이 당에서 떠나가는 결과를 초래할 것이라고 생각한다. 왜냐하면 사회민주주의당은 권력을 장악하더라도 사회주의의 실현이라는 노동자계급의 절실한 요구까지는 충족시킬 수 없을 것이기 때문이다. (공화제는 절실한 요구가 아니군! 작성자들은 순진하게도 순수한 무정부주의적인 언어로 자신들이 부르주아혁명 참여를 부인하는 듯이 말하고 있다는 사실을 알아채지 못하는 것이다!)"다른 한편으로는 **부르주아계급이 혁명의 대의에서 물러서게 만들고, 그럼으로써 혁명의 강도를 약화하는**

결과를 초래할 것이다.”

여기가 바로 문제의 지점이다. 무정부주의 사상들이 가장 순수한 기회주의와 뒤얽혀 있는(서유럽 베른슈타인주의자들 사이에서는 이런 일이 항상 있듯이) 지점이 바로 여기인 것이다. 한 번만 생각해 보라. 부르주아지가 혁명의 대의에서 물러서게 만들고 그럼으로써 혁명의 강도를 약화할 것이기 때문에 임시 혁명정부에 참가해서는 안 된다니! 결국 여기, 우리 앞에 신『불꽃』파의 철학이 순수하고 일관된 형태로 전부 드러나 있는데, 그 철학은 혁명이 부르주아적이기 때문에 우리는 부르주아적 저속함을 예찬하면서 길을 양보해야 한다는 것이다. 우리의 참여로 부르주아지가 물러서게 될 수도 있다는 식의 생각을 일부분이라도, 그리고 일순간이라도 우리가 따른다면, 이로써 우리는 부르주아계급에게 혁명의 주도권을 전부 양보하는 것이다. 이로써 우리는 부르주아지가 물러서지 않도록 온순하고 온건해질 것을 프롤레타리아트에게 강요하면서 그들을 부르주아지의 후견 속으로 완전히 넘겨주게 된다(완전한 “비판의 자유”를 고수하면서!!). 이는 프롤레타리아트의 가장 절실한 요구들, 즉 “경제주의자들”과 그들의 아류는 한 번도 제대로 이해한 적이 없는 프롤레타리아트의 정치적 요구들을 거세하는 것이다. 부르주아지가 물러서지 않게 하려고 말이다. 우리는 프롤레타리아트에게 필요한 한계 내에서 민주주의를 실현하기 위한 혁명 투쟁의 기반에서 부르주아지와의 흥정이라는 기반으로 통째로 옮겨 가고 있으니, 원칙을 배신하고 혁명을 배신함으로써 (“부르주아지가 물러서지 않도록”) 부르주아지의 자발적 동의를 매수하고 있는 것이다.

짤막한 두 줄의 문장으로 깝까스의 신『불꽃』파는 혁명을 배반하고 프롤레타리아트가 부르주아계급의 가련한 아첨꾼으로 변화하는 전술의 본질을 모두 표현하는 능력을 보였다. 위에서 우리가 신『불꽃』주의의 과오들에서 하나의 경향으로 이끌어내었던 결론이 이제 명료하고 확연한 원칙, 즉 군주주의적 부르주아지의 꽁무니에 있자는 원칙으로 격상되어 우리 앞에 놓여 있다. 공화제를 실현하는 것은 부르주아지를 물러서게 만들 것이므로(이미 그렇게 만들고 있다. 스뜨루베 씨가 그 예다.), 공화제를 위한 투쟁은 집어치워라. 프롤레타리아트의 온갖 정력적이고 끝까지 이르는 민주주의적인 요구들은 언제나 전 세계에서 부르주아지를 물러서게 만들고 있으므로, 그러므로, 노동자 동지들이여, 굴속에 숨어라, 오직 외부로부터만 행동하라, 혁명을 위해 "부르주아국가" 제도의 도구들과 수단들을 이용할 생각은 하지 말라, "비판의 자유"를 자신의 몫으로 지켜라.

"부르주아혁명"이라는 용어에 대한 이해 자체에 들어 있는 기본적인 속임수가 여기서 밖으로 드러났다. 그 용어를 마르띠노프 식 혹은 신『불꽃』식으로 "이해"하면, 프롤레타리아트의 대의를 배반하고 그 대의를 부르주아지의 손에 팔아넘기는 결과를 초래한다.

낡은 "경제주의"[3]를 잊어버린 사람이라면, 그것을 연구하지 않는 사람, 기억하지 못하는 사람이라면 지금의 "경제주의" 찌꺼기도 이해하기 어려울 것이다. 베른슈타인적인 *Credo*[35]를 상기해 보라. "순수하게 프롤레타리아적인" 견해들과 강령들에서 사람들이 이끌어 낸 결론은 다음과 같다. 우리, 사회민주주의자들의 몫은 경제이자, 참된 노동자의 대의, 온갖 정치 술책에 대한 비판의 자유, 사회민주주의 활동의 참된 심화 따위이고, 그들, 자유주의자들의 몫은 정치라는 것이다. 신이여, 부르주아지를 물러서게 만드는 "혁명주의"에 빠져들지 않게 하소서. *Credo*나 『노동자의 사상』 제9호 『별책 부록』(1899년 9월)을 전부 다시 읽어 보면, 이 모든 추론의 진행 과정이 눈에 보일 것이다.

규모만 클 뿐 그와 똑같은 것이 오늘날 "위대한" 러시아의 혁명 전체에 대한 평가에 그대로 적용되고 있으니, 오오, 정통 속물근성의 이론가들은 이 혁명을 미리 속류화하고 희화의 수준으로까지 끌어내리고 있지 않은가! 우리, 사회민주주의자들의 몫은 비판의 자유이자 의식의 심화이며 외부로부터의 행동이다. 그들, 부르주아계급의 몫은 행동의 자유이자 혁명적(자유주의적이라고 읽어라.) 지도를 위한 무대의 자유이며 위로부터 "개혁"을 실행할 자유다.

맑스주의를 속류화하는 이런 자들은 비판의 무기를 무기의 비판으로 대체해야 한다는 맑스의 말[28]에 관해 한 번도 생각해 본 적이 없다. 맑스의 이름을 공연히 들먹이지만, 실제로 그들이 작성하는 결의안은 절대주의를 자유롭게 비판하고 민주주의 의식을 심화했던, 그리고 혁명의 시기는 행동의 시기, 즉 위로부터의, 또한 아래로부터의 행동의 시기라는 것을 이해하지 못했던 프랑크푸르트의 부르주아 허풍쟁이들[111]의 정신에 완전히 젖어 있다. 맑스주의를 궤변으로 둔갑시킴으로써, 그들은 선도적이며 가장 단호하고 정력적인 혁명적 계급의 이데올로기를 이 계급의 가장 뒤처진 층, 힘겨운 혁명적 민주주의의 임무를 피해 몸을 숨기며 이 민주주의적 임무를 스뜨루베 씨 같은 자들에게 맡기는 그런 층의 이데올로기로 만들어 버렸다.

사회민주주의당이 혁명정부에 참가한 결과로 부르주아계급이 혁명의 대의에서 물러서게 된다면, 그로써 그들은 "혁명의 강도를 약화하게" 되는군.

러시아의 노동자들이여, 들어 보라. 사회민주주의자들에게 겁먹지 않는 스뜨루베 씨 같은 자들, 짜르 체제에 대한 승리가 아니라 그것과의 거래를 원하는 그들이 혁명을 실행할 경우, 혁명의 강도는 더욱 강해질 것이란다. 우리가 위에서 대략 그린 혁명의 가능한 결말 두 가지 중에서 첫째가 실현된다면, 즉 군주주의적 부르주아지가 전제 정부와 시쁘프 식 "헌법"을 두고 거래를 한다면, 혁명의 강도는 더욱 강해질 것이란다!

당 전체를 지도하기 위한 결의안에 이따위 치욕스런 말을 쓰는 혹은 이런 "적절한" 결의안을 승인하는 사회민주주의자들은 맑스주의에서 살아 있는 정신을 모두 제거한 궤변에 눈이 먼 나머지, 이 결의안들이 자신들의 다른 모든 훌륭한 말들을 어떻게 공문구로 만들고 있는지도 알아채지 못한다. 『불꽃』에 실린 그들의 논설을 그 어떤 것이라도 한번 보라. 심지어 우리의 유명한 마르띠노프의 악명 높은 소책자를 한번 보라. 그러면 여러분은 인민 봉기에 관한, 혁명을 **끝까지** 끌고 가는 것에 관한, 일관성 없는 부르주아지와의 투쟁에서 **하층** 인민에 의지하고자 하는 열망에 관한 말들을 듣게 될 것이다. 그러나 부르주아지가 멀어지게 되면 "혁명의 강도가 약화"된다는 생각을 여러분이 받아들이거나 승인하는 순간, 이 모든 좋은 말들은 초라한 공문구로 변하고 만다. 신사 양반들, 둘 중의 하나다. 하나는 우리가 인민과 함께 일관성 없고 이기적이며 겁 많은 부르주아지에 **반대하여** 짜르 체제에 대한 완전한 승리를 획득할 수 있도록 혁명을 실행하려 노력해야 한다는 것이다. 다른 하나는 우리가 이 "반대하여"라는 것을 허용하지 않고 행여 부르주아지가 "물러서지" 않을까 두려워하는 것이다. 그럴 경우 우리는 프롤레타리아트와 인민을 부르주아지에게, 일관성 없고 이기적이며 겁 많은 부르주아지에게 팔아넘기게 될 것이다.

내 말을 곡해할 생각은 아예 하지 말라. 당신들이 의식적으로 배반 행위를 하고 있다고 내가 당신들을 비난한다고 외치지 말라. 그게 아니다. 맑스주의를 "심화"하는 경사면을 따라 주체할 수 없이, 그리고 돌이킬 수 없이 아래로 끌려가 반혁명적이고 둔감하며 생명력 없는 "지적 허영"에까지 이르렀던 낡은 "경제주의자"들과 똑같이 당신들도 무의식적으로 늪으로 계속 기어들어서 이제는 늪에 빠지고 만 것이다.

신사 양반들, "혁명의 강도"가 어떤 현실적 사회 세력들에 따라 좌우되는지를 생각해 본 적이 있는가? 대외 정치 세력, 국제적 연합은 제쳐 놓자. 그런 것들은 지금 우리에게 매우 유리한 상황이지만, 우리는 이 모든 것을 논의에서 배제하고 있다. 문제가 러시아의 국내 세력들에 관한 것인 만큼 우리가 그것을 배제하는 것은 정당하다. 국내의 이 사회 세력들을 살펴보자. 혁명에 맞서고 있는 것은 전제 정부, 궁정, 경찰, 관료, 군대, 한

줌의 고위 귀족들이다. 인민의 격분이 깊으면 깊을수록 군대는 점점 위험해지고 관료 사회의 동요도 더욱 커진다. 다음으로, 부르주아지는 지금은 대체로 혁명의 편에 서 있는바, 그들은 자유에 관한 말들에 열중하고 점점 더 자주 인민의 이름으로, 심지어 혁명의 이름으로 떠들어대기 시작한다.* 그러나 우리 모든 맑스주의자들은 부르주아지가 일관성 없이, 이기적으로, 그리고 겁을 먹은 채 혁명의 편에 서 있음을 이론으로 알고 있고, 우리의 자유주의자들, 지주들, 『해방』파의 예를 통해 매일 매시간 관찰하고 있다. 전체로서의 부르주아지는 자신들의 협소하고 사욕에 찬 이해관계가 충족되자마자, 자신들이 일관된 민주주의에서 "물러서자마자"(그리고 그들은 지금도 이미 물러서고 있다!), 필연적으로 반혁명의 편으로, 혁명과 인민에 맞서 전제 정부의 편으로 돌아설 것이다. 남는 것은 "인민", 그러니까 프롤레타리아트와 농민이다. 프롤레타리아트 혼자만이 확실히 끝까지 갈 능력이 있으니, 그것은 프롤레타리아트가 민주주의 변혁보다 훨씬 더 멀리 가기 때문이다. 그러므로 프롤레타리아트는 대오의 맨 앞에서 공화제를 위해 싸우며, 부르주아지가 물러서지 않을까 하는 점을 중시하라는 어리석고도 가치 없는 조언은 경멸을 실어 던져 버린다. 농민은 소부르주아 분자들과 다수의 반┼프롤레타리아 분자들을 함께 포함하고 있다. 이런 점으로 인해 농민도 역시 동요하게 되며 프롤레타리아트는 엄격한

---

* 스뜨루베 씨가 조레스에게 보낸 공개서한은 이런 점에서 흥미로운데, 얼마 전에 조레스 씨는 이 서한을 『인류』에, 그리고 스뜨루베 씨는 『해방』 제72호에 실은 바 있다.

의미에서의 계급정당으로 단결하지 않을 수 없게 되는 것이다. 하지만 농민의 동요는 부르주아지의 동요와는 근본적으로 다르다. 왜냐하면 농민은 당면한 시기에 사적 소유를 절대적으로 보전하기보다는 이 소유의 주요한 형태들 중 하나인 지주의 토지를 빼앗는 데 이해관계를 갖고 있기 때문이다. 이로부터 사회주의적으로 되어 가지 않는다 하더라도, 여전히 소부르주아로 남아 있다 하더라도, 농민은 민주주의혁명의 완전한 지지자, 가장 급진적인 지지자가 될 수 있다. 농민을 계몽하는 혁명적 사태의 진행이 부르주아지의 너무 때 이른 배반과 프롤레타리아트의 패배로 중단되지만 않는다면, 그들은 필연적으로 그렇게 될 것이다. 이러한 조건에서라면 농민은 필연적으로 혁명과 공화제의 보루가 될 것인바, ("사회주의자혁명가당 당원들"이 상상하는 것처럼 자본주의를 절멸하기 위해서가 아니라) 반#농노제의 구렁텅이에서, 학대와 예속의 암흑에서 솟아오르기 위해, 그리고 상품경제의 범위 내에서 허용되는 만큼이라도 생활 조건을 개선하기 위해 농민에게 실제적으로 필요하고 농민이 원하며 꿈꾸어 온 모든 것, 토지개혁 분야의 모든 것을 농민에게 제공할 수 있는 것은 오직 완전히 승리한 혁명뿐이기 때문이다.

그뿐이 아니다. 농민이 혁명에 끌리는 것은 급진적인 농업개혁 때문만이 아니라, 그들의 일반적이고 항시적인 모든 이해관계 때문이기도 하다. 심지어 프롤레타리아트에 대한 투쟁에서조차 농민은 민주주의를 필요로 하는데, 오직 민주주의 제도만이 농민의 이해관계를 정확하게 표현하고 그들이 대중으로서, 다수로서 우세를 점하도록 해 줄 수 있기 때문이다. 농민이 계몽되면 될수록(일본과의 전쟁[36] 이후, 학력으로만 계몽의 정도를 측정하는 데 익숙한 많은 사람들로서는 상상도 할 수 없을 정도로 농민은 급속하게 계몽되고 있다.) 농민은 더욱더 일관되고 단호하게 완전한 민주주의 변혁을 지지할 것인데, 그들에게 인민의 지배란 부르주아지에게 그런 것처럼 무서운 일이 아니라 오히려 유리한 일이기 때문이다. 농민이 소박한 군주주의를 벗어던지자마자 민주주의 공화제는 그들의 이상이 될 것이다. 농민에게 장사꾼 부르주아지의 (상원 등등이 있는) 의식적 군주주의란 유럽 입헌주의의 광택을 조금 입혔을 뿐인 뻔한 무권리 상태, 학대, 무지를 의미하기 때문이다.

바로 이것이 부르주아지는 계급으로서 당연하게 또 필연적으로 자유주의적 군주주의 당의 날개 밑으로 들어가려 노력하는 반면에 농민은 대중으로서 혁명적인 공화주의 당의 지도 밑으로 들어가려 노력하는 이유다. 바로 이것이 부르주아지는 민주주의혁명을 끝까지 끌고 갈 수 없는 반면에 농민은 혁명을 끝까지 끌고 갈 수 있는 이유며, 우리가 온 힘을 다해 농민이 그렇게 되도록 도와야만 하는 이유다.

이는 아무것도 증명하지 못하는 말이며 가장 기초적인 것이자 모든 사회민주주의자들이 너무나 잘 이해하고 있는 것이라고 내게 반박할지 모른다. 아니, 그렇지 않다. 부르주아지가 혁명에서 이탈하는 결과로 혁명의 "강도가 약화"될 것이라고 말할 수 있는 사람들은 이를 이해하지 못한다. 이런 사람들은 우리의 농업 강령의 어구를 암기하여 되풀이하면서도 그 말들의 의의를 이해하지 못한다. 그렇지 않다면 맑스주의 세계관 일체로부터, 그리고 우리의 강령으로부터 필연적으로 도출되는 프롤레타리아트와 농민의 혁명적 민주주의 독재라는 개념을 그들이 두려워 할 까닭이 없으며, 그렇지 않다면 그들이 러시아의 위대한 혁명의 강도를 부르주아지의 강도로만 제한할 까닭이 없다. 이런 사람들은 자신들의 구체적인 반反맑스주의적, 반反혁명적 결의안들로 자신들의 추상적인 맑스주의, 혁명적 미사여구들을 깨부수고 있다.

성공할 러시아의 혁명에서 농민이 맡을 역할을 진정으로 이해하는 사람이라면, 부르주아지가 물러서면 혁명의 강도가 약화될 것이라고 말할 수 없다. 실제로는, 부르주아지가 물러서고 농민 대중이 프롤레타리아트와 더불어 적극적인 혁명가로서 진출할 때, 오직 그럴 경우에만 러시아의 혁명은 진짜 활개를 치기 시작할 것이며, 오직 그럴 경우에만 그것은 부르주아 민주주의 변혁의 시대에 가능한 정말 크나큰 혁명의 활갯짓이 될 것이기 때문이다. 우리의 민주주의혁명을 일관되게 끝까지 끌고 갈 수 있으려면, 그것은 부르주아지의 필연적인 비일관성을 무력화할 수 있는 그런 세력들("부르주아지를 물러서게 만들" 수 있는 바로 그런 세력들 말이다. 『불꽃』의 깝까스 지지자들은 생각이 모자란 나머지 그런 사태를 두려워하지만)에 의존해야만 한다.

프롤레타리아트는 전제 정부의 저항을 힘으로 분쇄하고 부르주아지의 동요를 무력화하기 위하여 농민 대중을 자기 진영에 결합시키면서 민주주의 변혁을 끝까지 수행해야 한다. 프롤레타리아트는 부르주아지의 저항을 힘으로 쳐부수고 농민과 소부르주아지의 동요를 무력화하기 위하여 주민 가운데 반半프롤레타리아 분자의 대중을 자기 진영으로 결합시키면서 사회주의 변혁을 완수해야 한다. 프롤레타리아트의 임무란 이러한 것인데, 신『불꽃』파는 혁명의 강도에 관한 결의안들과 자신들의 모든 주장에서 이런 임무들을 너무 협소하게 나타내고 있다.

이 "강도"라는 주제를 논의할 때 종종 간과하는 하나의 사정이 있는데, 그것만은 잊지 말아야 한다. 문제는 임무의 어려움이 아니라 어떤 방식으로 그 임무의 해결을 추구하고 달성할 것인가 하는 점임을 잊지 말아야 한다는 것이다. 문제는 혁명의 강도를 위력적이고 물리칠 수 없도록 만드는 것이 쉬운가 아니면 어려운가가 아니라 이 강도를 강화하기 위해 어떻게 활동해야 하는가이다. 의견의 불일치는 바로 활동의 기본 성격과 활동의 방향 자체에 관계된 것이다. 우리가 이 점을 강조하는 것은 부주의하고 불성실한 사람들이 이 두 가지 다른 문제, 그러니까 길의 방향이라는 문제, 즉 두 가지 다른 길 중 하나를 선택하는 문제와 주어진 길에서의 목표 실현의 용이함 혹은 목표 실현의 근접성이라는 문제를 너무 빈번히 혼동하고 있기 때문이다.

앞의 서술에서 우리는 이 마지막 문제를 전혀 취급하지 않았다. 왜냐하면 이 문제가 당 내부에서 견해차와 의견의 불일치를 야기하지는 않았기 때문이다. 그러나 이 문제가 그 자체로 극히 중요하며 모든 사회민주주의자가 진지하게 관심을 가질 가치가 있는 문제임은 말할 나위가 없다. 노동자계급 대중뿐만 아니라 농민 대중까지도 운동에 끌어들이는 것과 관련한 여러 어려움들을 잊는 것은 허용될 수 없는 낙관주의일 것이다. 민주주의혁명을 끝까지 끌고 가려는 노력들이 여러 차례 좌절을 맛본 것이 바로 이 어려움 때문이었다. 게다가 누구보다 일관성 없고 이기적인 부르주아지가 의기양양해진 것도 바로 이 어려움 때문이었으니, 그들은 군주가 인민에 맞서 보호해 주는 "자본도 획득했으며" 자유주의의…… 아니면 "해방주의"의 "순결도 지켜 냈다." 하지만 어려움이 실행 불가능은 아니다. 올바른 길을 선택했다는 확신이 중요한 것이니, 이 확신은 기적을 이룰 수 있는 혁명적 정력과 혁명적 열정을 백배 강화해 준다.

길의 선택이라는 문제를 두고 오늘날 사회민주주의자들 사이에 생긴 의견의 불일치의 정도가 어느 정도 깊은지는 신『불꽃』파의 깝까스 결의안과 러시아사회민주주의노동자당 제3차 대회 결의안을 비교해 보면 금방 알 수 있다. 대회 결의안은 말한다. 부르주아지는 일관성이 없으며 혁명이 쟁취한 것을 우리에게서 반드시 빼앗아 가려 애쓸 것이다. 그러므로 노동자 동지들이여, 더욱 정력적으로 투쟁을 준비하라, 무장하라, 농민을 자기편으로 끌어들여라. 우리는 전투를 치르지 않고는 우리의 혁명이 쟁취한 것을 이기적인 부르주아지에게 양보하지 않을 것이다. 깝까스 신『불꽃』파 결의안은 말한다. 부르주아지는 일관성이 없으며 혁명에서 물러설지도 모른다. 그러므로 노동자 동지들이여, 제발 임시정부에 참여할 생각은 하지 말기를. 그렇게 되면 부르주아지가 틀림없이 물러설 것이고 이로 인해 혁명의 강도는 약해질 것이다!

한편은 말한다. 일관성 없는 부르주아지의 저항 혹은 수동성에도 불구하고 혁명을 끝까지 진전시켜라.

다른 편은 말한다. 혁명을 독자적으로 끝까지 수행하려는 생각은 하지 말라. 그렇게 되면 일관성 없는 부르주아지가 혁명에서 물러설 것이니까.

과연 우리 앞에 있는 것이 극단적으로 대립되는 두 가지 길이 아니란 말인가? 한편의 전술이 다른 편의 전술을 절대적으로 배제하고 있음이 명백하지 않은가? 전자의 전술이 혁명적 사회민주주의당의 유일하게 옳은 전술이고 후자의 전술은 본질적으로 순전히 『해방』파의 전술임이 명백하지 않은가?

13. 결론. 우리가 감히 승리할 수 있겠는가?

러시아사회민주주의당 안의 사정을 피상적으로 알고 있거나 제삼자의 입장에서 판단하는 사람들, "경제주의"의 시기부터 우리 당내 투쟁의 모든 역사를 알지 못하는 사람들은 지금, 특히 제3차 대회 이후 명확해진 전술적 견해차를 모든 사회민주주의 운동에서 당연하고 필연적이면서도 충분히 화해 가능한 두 가지 경향이라고 단순히 지적하는 것으로 대충 넘기려 하는 경우가 매우 잦다. 한편에서는 선전과 선동을 발전시키고 힘을 기르고 운동을 심화해야 할 필요성과 통상적이고 일상적인 나날의 활동을 과도하게 강조한다. 다른 편에서는 운동의 전투적 임무, 일반 정치적 임무, 혁명적 임무를 강조하고 무장봉기의 필요성을 지적하고 혁명적 민주주의 독재와 임시혁명정부라는 슬로건들을 내세운다. 이편도 저편도 과대평가해서는 안 된다고 한다. 여기건, 저기건 (일반적으로 세계 어느 곳에서도) 극단적인 건 좋지 않다 등등의 말이 나온다.

이런 유의 논의에 반드시 존재하는, 세상사에(인용 부호를 쓴다면 "정치에") 통달한 지혜라는 값싼 진리는 사실 당의 긴요하고 절박한 필요들을 이해하지 못함을 은폐하는 경우가 많다. 러시아 사회민주주의자들 사이의 현재의 전술적 견해차를 짚어 보자. 전술에 관한 신『불꽃』파의 논의에서 보이는 것과 같은, 활동의 일상적이고 평범한 측면에 대한 과도한 강조는 물론 그 자체로는 어떠한 위험성도 나타내지 않을 수 있고 전술적 슬로건들에서 어떤 의견의 불일치도 야기하지 않을 수 있다. 하지만 러시아사회민주주의노동자당 제3차 대회 결의안을 협의회 결의안과 비교해 보기만 하면 이 의견의 불일치가 금방 눈에 띈다.

따라서 무엇이 문제인가? 첫째, 운동의 두 가지 흐름과 극단의 해악을 추상적이고 일반적으로 지적하는 것만으로는 부족하다. 당면 운동이 당면한 시기에 무엇 때문에 고통 받고 있는지, 지금 당에 현실적으로 정치적 위험이 되는 것은 무엇인지를 구체적으로 알아야 한다. 둘째, 이러저런 전술적 슬로건들, 아니 어쩌면 그런 슬로건들의 부재가 어떤 현실적 정치 세력들을 지원해 주는지를 알아야 한다. 신『불꽃』파의 말을 들으면 여러분은 사회민주주의당을 위협하고 있는 위험성이라는 것이 선전과 선동, 경제투쟁, 부르주아 민주주의에 대한 비판 등을 내팽개치고 전투 준비, 무장 공격, 권력 장악 등등에 과도할 정도로 열중하는 위험성이라는 결론에 도달할 것이다. 그렇지만 실제로 당을 위협하는 현실적 위험성은 전혀 다른 쪽에 있다. 운동의 사정을 조금이라도 가까이서 아는 사람이라면, 주의 깊고 신중하게 운동의 추이를 지켜본 사람이라면, 신『불꽃』파의 공포가 지니는 우스운 측면을 보지 않을 수 없다. 러시아사회민주주의노동자당의 모든 활동은 강고하고 변하지 않는 틀 속에 이미 완전하게 자리를 잡았으니, 그 틀은 선전과 선동, 전단과 비밀 집회, 리플릿과 소책자의 보급, 경제투쟁의 지원과 경제투쟁 슬로건들의 이용 등에 무게중심을 집중시키는 것을 확실하게 보장해준다. 1890년대 후반부터 이미 확고하게 자리를 잡은 이 모든 기능들에 99퍼센트의 관심과 노력과 시간을 항상적으로 할애하지 않는 당 위원회나 지구 위원회, 중앙 회합, 공장 그룹은 단 하나도 없다. 운동을 전혀 알지 못하는 사람들만이 이 점을 모를 뿐이다. 신『불꽃』파가 매우 엄숙한 모습을 하면서 되풀이하는 뻔한 사실을 액면 그대로 받아들이는 것은 너무 순진하거나 아니면 정보에 무지한 사람들밖에 없다.

우리가 봉기의 임무, 일반적인 정치 슬로건들, 전 인민적 혁명의 지도 등의 대의에 과도하게 열중하지 않을 뿐더러 오히려 그 반대로 바로 이 측면에서의 **후진성**이 눈을 찌른다는 사실이 가장 뼈아픈 지점이며 운동의 현실적 위험성이니, 운동은 실제의 혁명운동에서 말로서의 혁명운동으로 퇴화할 수도 있으며 어떤 곳에서는 그렇게 되고 있다. 당의 활동을 수행하는 수백 개의 조직, 그룹, 서클 중에서, 신『불꽃』의 똑똑한 양반들이 새로운 진리를 발견한 사람들처럼 으스대며 말하고 있는 그 일상의 활동이란 것을 활동을 시작한 그 순간부터 행하지 않고 있는 곳을 여러분은 단 하나도 발견하지 못할 것이다. 그와 반대로, 여러분은 무장봉기의 임무를 인식하고 임무의 이행에 착수했거나, 짜르 체제에 맞선 전 인민의 혁명을 지도할 필요성과 이를 위해 다른 것이 아니라 바로 이런 선도적 슬로건들을 내세워야 할 필요성을 명확하게 인식한 그룹들과 서클들은 아주 미미한 퍼센트에 불과함을 발견할 것이다.

우리는 진정으로 혁명적이고 선도적인 임무들에 믿을 수 없을 만큼 뒤처져 있다. 우리는 많은 경우 이런 임무를 아직도 인식하지 못하고 있다. 이런 측면에서의 우리의 후진성 때문에 우리는 도처에서 혁명적인 부르주아 민주주의가 강화되는 것을 놓치고 있었다. 그런데 신『불꽃』의 필자들은 사태의 진행에, 그리고 시대의 요구에 등을 돌린 채, '낡은 것을 잊지 말라! 새 것에 열중하지 말라!'는 말을 완고하게 되풀이하고 있는 것이다. 이것이 협의회의 핵심적인 모든 결의안의 변함없는 기본 동기다. 반면, 대회 결의안들에서 여러분이 마찬가지로 변함없이 읽게 되는 것은 다음과 같다. 낡은 것을 확인하면서 (그렇지만 그것은 낡았고 이미 문건, 결의안, 경험을 통해 결정되고 확고해진 것이므로 그것을 곱씹는 데 열중하지는 않으면서) 새로운 임무를 내세우고 그 임무에 주의를 돌리고 새로운 슬로건을 제기하고 진정으로 혁명적인 사회민주주의자들에게 그 슬로건을 현실로 전화하는 활동을 즉각 수행하라고 요구한다는 것이 그것이다.

사회민주주의당의 전술들에서 나타나는 두 가지 경향에 관한 문제는 실제로는 바로 이것이다. 혁명의 시대는 새로운 임무들을 내세웠으니, 완전히 눈먼 사람들만이 그것을 보지 못한다. 어떤 사회민주주의자들은 이 임무를 단호하게 인정하여 일정에 올린다. 무장봉기는 지체할 수 없는 것이니 즉각 정력적으로 이를 준비하라는 것이고, 무장봉기가 결정적인 승리를 위해 필수적임을 기억하고 공화제, 임시정부, 프롤레타리아트와 농민의 혁명적 민주주의 독재 등의 슬로건을 제기하라는 것이다. 다른 이들은 뒷걸음질하여 제자리걸음을 하며 슬로건들 대신 머리말을 제공하고, 온고지신을 지적하는 대신 옛것을 장황하고 지루하게 곱씹으며, 새로운 것에 단서 조항을 달고, 결정적인 승리의 조건을 규정할 줄 모르며 완전한 승리를 얻으려는 노력에 유일하게 합치하는 슬로건들을 제출할 줄 모른다.

이런 꽁무니주의의 정치적 결과가 우리 눈앞에 있다. 러시아 사회민주주의노동자당의 "다수파"가 혁명적 부르주아 민주주의에 가깝다는 날조된 말은 단 하나의 정치적 사실로도, "볼셰비끼"의 단 하나의 영향력 있는 결의안으로도, 러시아사회민주주의노동자당 제3차 대회의 단 하나의 행동으로도 확인되지 않은 날조된 말에 지나지 않는다. 반면에, 『해방』을 대표로 하는 기회주의적, 군주주의적 부르주아지는 오래 전부터 신『불꽃』파의 "원칙적인" 경향을 환영해 왔으며, 이제는 "비밀 활동"과 "반란"에 반대하고 혁명의 "기술적" 측면의 과장에 반대하고 무장봉기 슬로건을 직접 제출하는 것에 반대하고 극단적인 요구들이 갖는 "혁명주의" 등등에 반대하는 그들의 말들과 "시시한 사상들"을 전부 받아들이면서 이제는 아예 그들의 도움으로 손 안 대고 코를 풀고 있다. 깝까스에서 열린 "멘셰비끼" 사회민주주의자들의 전체 협의회가 낸 결의안과 신『불꽃』의 편집국이 이 결의안을 승인한 것은 다음과 같은 말로 명확하게 정치적으로 집약된다. 혁명적 민주주의 독재에 프롤레타리아트가 참여할 경우, 부르주아지가 물러서지 않을까! 이로써 모든 말을 한 것이다. 이로써 프롤레타리아트를 군주주의적 부르주아지의 아첨꾼으로 변화시키는 일이 최종적으로 확실해졌다. 이로써 신 『불꽃』파의 꽁무니주의가 갖는 정치적 의의가 증명되었으니, 그것도 한 인물의 우발적인 성명이 아니라 유파 전체가 특별히 승인한 결의안에 의해 실제로 증명된 것이다.

이 사실들을 깊이 생각해 보면 사회민주주의 운동의 두 경향과 두 측면을 지적하는 떠도는 말들이 갖는 진정한 의의가 이해될 것이다. 이 경향들을 큰 범위에서 연구하기 위해 베른슈타인주의를 짚어 보자. 사실 베른슈타인주의자들도 프롤레타리아트의 진정한 필요와 프롤레타리아트의 세력을 성장시키고 모든 활동을 심화하며 새로운 사회의 분자들을 준비할 임무, 선전과 선동의 임무를 이해하고 있는 사람들은 바로 자신들이라고 한 치도 틀림없이 되풀이하고 또 되풀이해 왔다. 우리는 있는 그대로를 인정할 것을 요구한다! 베른슈타인은 이렇게 말하는데, 이 말로써 그는 "최종 목표" 없는 "운동"을 신성화하고 방어적 전술 하나만을 신성화하며 "부르주아지가 물러서지 않을까" 하는 두려움의 전술을 선전하고 있다. 또한 베른슈타인주의자들은 혁명적 사회민주주의자들의 "자꼬뱅주의"[19]에 대해, 그리고 "노동자의 자주 활동"을 이해하지 못하는 "문필가" 등등에 대해 소리 높여 외쳐 댔다. 모두 다 알고 있듯이, 실제로 혁명적 사회민주주의자들은 일상의 사소한 활동과 힘을 비축하는 일 등을 방기한다는 생각을 해 본 적이 없다. 그들은 단지 최종 목표를 명료하게 인식하고 혁명적 임무를 명료하게 제기하라고 요구했을 뿐이다. 그들은 반‡프롤레타리아적이고 반‡소부르주아적인 계층들을 프롤레타리아트의 혁명성의 수준으로 끌어올리기를 원했지, "부르주아지가 물러서지 않을까" 하는 기회주의적 생각으로 그 혁명성의 수준을 끌어내리기를 원하지 않았다. 당의 지식인 기회주의 진영과 프롤레타리아트 혁명 진영 간의 이러한 반목이 가장 뚜렷하게 표현된 것은 아마도 다음과 같은 질문일 것이다. Dürfen wir siegen? "우리가 감히 승리할 수 있겠는가?" 우리가 승리해도 되는가? 우리가 승리하는 건 위험하지 않은가? 우리가 승리해야 한단 말인가? 언뜻 보아서는 기이해 보이는 이 질문은 그럼에도 불구하고 제기되었으며 또 제기되어야 했던 것이다. 기회주의자들이 승리를 두려워하여 프롤레타리아트에게 승리를 포기하라고 위협하고, 승리할 경우에 재앙이 닥친다고 예언하며, 직접적으로 승리를 호소하는 슬로건들을 비웃고 있기 때문이다.

이와 똑같은 지식인 기회주의 경향과 프롤레타리아트 혁명 경향의 기본적 분열이 우리에게도 존재하고 있으니, 단지 문제가 사회주의 변혁이 아니라 민주주의 변혁이라는 극히 본질적인 차이를 갖고 있을 뿐이다. 우리에게도 역시 "우리가 감히 승리할 수 있겠는가?"라는 언뜻 보아서는 터무니없는 질문이 제기되어 있다. 그것은 마르띠노프가 쓴 『두 독재』에서 제기된 바 있는데, 그 글에서 그는 우리가 매우 훌륭하게 봉기를 준비하고 극히 성공적으로 그것을 수행할 경우에 재앙이 생길 것이라고 예언했다. 그 질문은 임시혁명정부에 관한 문제를 다룬 신 『불꽃』파의 모든 문건에 제기되어 있으며 게다가 그들은 줄곧

밀레랑이 부르주아 기회주의 정부에 참여한 것을 바를랭이 소부르주아혁명정부에 참여한 것[37]과 혼동하게 하려고 기를 썼지만 아무 성과도 없었다. 그 질문은 결의안에 의해 "부르주아지가 물러서지 않을까"라는 것으로 굳어졌다. 그리고 예를 들어, 설령 카우츠키가 임시혁명정부에 관한 우리의 논쟁은 아직 죽지도 않은 곰의 가죽을 나누는 것과 같다고 지금 비웃는다 해도, 이 비웃음은 아무리 현명하고 혁명적인 사회민주주의자들이라도 소문으로만 알고 있던 것에 대해 말할 경우에는 바보 같은 짓을 하게 된다는 것을 보여 줄 뿐이다. 독일사회민주주의당은 아직 곰을 죽일 만큼(사회주의 변혁을 수행할 만큼) 가까이 다가가지 못했지만, "감히" 곰을 죽일 수 있겠는가를 둘러싼 논쟁은 엄청난 원칙적 의의와 실천적이고 정치적인 의의를 지녔다. 러시아의 사회민주주의자들은 "자신들의 곰을 죽일"(민주주의 변혁을 수행할) 수 있을 만큼 아직 가까이 다가가지 못했지만 그럼에도 우리가 곰을 "감히" 죽일 수 있겠는가 하는 문제는 미래의 러시아 전체와 미래의 러시아사회민주주의당에게 극히 중대한 의의를 지니고 있다. 우리가 "감히" 승리할 것이라는 확신이 없다면, 정력적이고 성공적으로 군대를 모집하고 그 군대를 지도한다는 말은 성립할 수도 없다.

옛날의 우리 "경제주의자들"을 짚어 보자. 그들 역시 자신들의 반대자들은 음모가들이고 자꼬뱅주의자들이라고(『노동자의 대의』, 특히 제10호와 제2차 대회의 강령에 관한 토론에서 마르띠노프가 한 연설 참조), 정치에 달려듦으로써 대중에게서 떨어지고 있다고, 노동자운동의 기초를 잊어버리고 노동자의 자주 활동을 중시하지 않는다고 마구 고함을 쳐 댔다. 그렇지만 실제로는 "노동자의 자주 활동"을 지지했던 이 자들이 노동자에게 프롤레타리아트의 임무에 대한 협소하고 속물적인 이해를 강요했던 지식인 기회주의자들이었다. 구『불꽃』을 보면 누구나 알 수 있듯이, "경제주의"의 반대자들은 실제로 사회민주주의 활동의 어떤 측면도 방기하거나 뒷전으로 밀쳐 두지 않고 경제투쟁을 조금도 잊지 않으면서 그와 동시에 긴박한 당면 정치 임무들을 가장 광범위하게 제기하는 능력을 보였고, 노동자 당이 자유주의 부르주아지의 "경제적" 부속품으로 변하는 것에 반대했다.

경제주의자들은 정치의 기초에는 경제가 있다고 암기했으되, 이 말을 정치투쟁을 경제투쟁의 수준으로 폄훼해야 한다는 것으로 "이해했다." 신『불꽃』파는 민주주의 변혁은 그 경제적 기초로 볼 때 부르주아혁명이라고 암기했으되, 이 말을 프롤레타리아트의 민주주의적 임무들을 부르주아의 온건함의 수준으로, "부르주아지가 물러서지" 않을 수준으로 폄훼하는 것으로 "이해했다." "경제주의자들"은 노동자의 자주 활동과 순수한 계급적 정책이라는 구실 아래, 또한 활동을 심화한다는 구실 아래, 실제로는 노동자계급을 자유주의 부르주아 정치인들의 손에 넘겨주었다. 바로 그러한 객관적 의의를 가진 길로 당을 이끌었던 것이다. 신『불꽃』파는 똑같은 구실 아래, 실제로는 민주주의혁명에서 프롤레타리아트의 이해관계를 부르주아지에게 팔아넘기고 있다. 바로 그러한 객관적 의의를 가진 길로 당을 이끌고 있는 것이다. "경제주의자들"은 정치투쟁에서의 주도권은 사회민주주의자들의 대의가 아니라 본래 자유주의자들의 대의인 것으로 여겼다. 신『불꽃』파는 민주주의혁명을 적극적으로 수행하는 것은 사회민주주의자들의 대의가 아니라 본래 민주주의적 부르주아지의 대의로 여긴다. 왜냐하면 프롤레타리아트의 지도력과 주도적인 참여로 혁명의 "강도가 약화될" 것이기 때문이다.

한마디로, 신『불꽃』파는 제2차 당대회에서의 그 태생에서뿐만 아니라 오늘날 민주주의혁명에서 프롤레타리아트의 전술적 임무를 제기하는 것을 보더라도 "경제주의"의 아류다. 그들은 또한 당의 지식인 기회주의 진영이다. 이 진영은 당 조직에서의 출판물의 분리, 직접선거가 아닌 거의 네 단계로 이루어진 선거, 민주주의적 대표제 대신 보나빠르뜨 식 국민투표제, 그리고 끝으로 부분과 전체 간의 "합의"의 원칙 따위를 협의회가 채택한 "규약"[5] 속에 명시함으로써, 조직에 지식인의 무정부주의적 개인주의로 데뷔해서 "과정으로서의 조직 해체"로 마무리를 했다. 당의 전술에서도 그들은 똑같은 경사면으로 미끄러졌다. 그들은 정치 무대에서 정부와 부르주아 민주주의라는 단 두 개의 능동적 세력들밖에 보지 못하는(1월 9일[10] 전야에!) 까닭에, "지방행정 캠페인 계획"을 통해 지방의원들 앞에서 연설하는 일이 "최고의 시위 형태"라고 선언했다. 그들은 직접적인 실천 슬로건 대신 자체 무장이라는 강렬한 욕구로 무장해야 한다고 호소하는 식으로 무장이라는 긴박한 임무를 "심화했다." 무장봉기, 임시정부 수립, 혁명적 민주주의 독재 등과 연결된 임무는 이제 그들의 정식 결의안 속에서 왜곡되었고 무뎌졌다. "부르주아지가 물러서지 않을까." 그들의 최근 결의안의 이 귀결은 그들의 길이 당을 어디로 이끌고 있는지에 관한 문제를 완전하게 밝혀 주고 있다.

러시아에서 민주주의 변혁은 그 사회적, 경제적 본질상 부르주아혁명이다. 그렇다고 맑스주의의 이 옳은 명제를 그저 되풀이하는 것으로는 부족하다. 그것을 이해할 능력을 지녀야 하며, 정치 슬로건들로 적용시킬 능력을 지녀야 한다. 일반적으로, 현대의 생산관계, 즉 자본주의적 생산관계를 기반으로 한 모든 정치적 자유는 부르주아적 자유다. 자유를 요구하는 것은 부르주아지의 이해관계를 가장 먼저 표현하는 것이다. 처음으로 이러한 요구를 제출한 것은 부르주아지의 대표자들이었다. 부르주아지의 지지자들은 자유를 온건하고 치밀한 부르주아적 기준으로 재단하여 평화적 시기에는 그것을 혁명적 프롤레타리아트에 대한 가장 세련된 탄압과 함께 이용하고 소요의 시기에는 가장 야수적이고 잔혹한 탄압과 함께 이용하면서, 획득한 자유를 어디서나 주인처럼 이용했다.

그러나 이 사실에서 자유를 위한 투쟁을 부정하거나 폄훼하는 결론을 이끌어낼 수 있었던 것은 인민주의 반란자들, 무정부주의자들, "경제주의자들"밖에 없다. 이런 지식인의 속물적 교의들을 프롤레타리아트에게 강요하는 것은 언제나 일시적으로나, 그리고 프롤레타리아트의 저항에 맞서면서나 가능한 일이었다. 프롤레타리아트는 정치적 자유가 자신들에게 필요하다는 것, 그 자유가 직접적으로는 부르주아지를 강화하고 조직할 것임에도 불구하고 어느 누구에게보다 자신들에게 더 필요하다는 사실을 본능적으로 움켜쥐었다. 프롤레타리아트가 자신들의 구원을 기대하는 것은 계급투쟁에서 이탈함으로써가 아니라 계급투쟁을 발전시키고 그 폭과 의식성, 조직성, 결단력을 확대시키는 것을 통해서다. 정치투쟁의 임무를 폄훼하는 자는 사회민주주의자를 인민의 호민관에서 노동조합의 서기로 만들어 버리는 자다. 민주주의적 부르주아혁명에서 프롤레타리아의 임무를 폄훼하는 자는 사회민주주의자를 인민혁명의 우두머리에서 자유로운 노동조합의 우두머리로 만들어 버리는 자다.

그렇다, 인민혁명이다. 사회민주주의당은 인민이라는 단어를 부르주아 민주주의적으로 악용하는 것에 맞서 완전히 정당하게 싸워 왔으며, 지금도 싸우고 있다. 사회민주주의당은 이 단어로 인민 내부의 계급 대립에 대한 몰이해를 은폐하지 말라고 요구한다. 사회민주주의당은 프롤레타리아트 당의 완전한 계급적 독자성이 필요하다고 확고히 주장한다. 하지만 사회민주주의당이 "인민"을 "계급들"로 분해하는 것은 세계의 경제적 맹주들이 물러서지 않을까 하는 생각 속에서 선도적 계급이 자신의 활동을 거세하고 협소한 기준으로 스스로를 제한하고 자기 안에 칩거하게 하기 위해서가 아니라, 선도적 계급이 중간계급들의 우유부단함, 동요, 망설임 때문에 고통 받지 않고 더욱더 정력적으로, 더욱더 열정적으로 전체 인민의 선두에서 전체 인민의 대의를 위해 싸우게 하기 위해서다.

현재의 신『불꽃』파, 곧 민주주의혁명의 적극적인 정치 슬로건들을 제출하는 대신 "계급적"이라는 단어를 온갖 성性과 격格으로 변화시켜 바꿔 치우면서 궤변적으로 되풀이하고 있는 자들이 그렇게도 자주 이해하지 못하는 사실이 바로 이것이다!

민주주의 변혁은 부르주아적이다. 흑토재분배[16] 혹은 토지와 자유[38]라는 슬로건 — 가장 널리 퍼져 있는 이 슬로건, 학대받고 무지하지만, 광명과 행복을 간절히 갈망하는 농민 대중의 슬로건 — 은 부르주아적이다. 하지만 우리, 맑스주의자들은 부르주아적 자유와 부르주아적 진보의 길 이외에 프롤레타리아트와 농민이 진정한 자유에 이르는 다른 길은 없으며 있을 수도 없다는 사실을 알아야만 한다. 우리는 현재로서는 완전한 정치적 자유, 민주주의 공화제, 프롤레타리아트와 농민의 혁명적 민주주의 독재 외에 사회주의를 앞당길 다른 수단은 없으며 있을 수도 없다는 사실을 잊지 말아야 한다. 선도적 계급이자 유일하게 혁명적인 계급, 유보도 의심도 뒤돌아봄도 없는 혁명적인 계급의 대표로서, 우리는 전 인민에게 민주주의 변혁의 임무를 가능한 한 폭넓고 대담하게, 그리고 주도적으로 제기해야 한다. 이 임무들을 폄훼하는 것은 이론적으로는 맑스주의를 희화화하고 그것을 속물적으로 왜곡하는 것이며, 실천적, 정치적으로는 혁명의 일관된 수행에서 필연적으로 물러서게 될 부르주아지의 손에 혁명의 대의를 넘겨주는 것이다. 혁명의 완전한 승리로 가는 길에 놓인 어려움은 대단히 크다. 만일 프롤레타리아트의 대표자들이 자신들이 할 수 있는 모든 것을 다한다면, 그럼에도 그들의 이 모든 노력이 반동의 저항에 부딪쳐, 그리고 부르주아지의 배반과 대중의 무지로 인해 분쇄된다면, 어느 누구도 그들을 단죄할 수 없을 것이다. 그러나 사회민주주의당이 민주주의 변혁의 혁명적 에너지를 잘라 버리고 부르주아지가 물러서지 않을까 하는 생각과 승리에 대한 두려움으로 혁명적 열정을 잘라 버리게 된다면, 누구나 — 그리고 누구보다 먼저 의식적 프롤레타리아트가 — 사회민주주의당을 단죄할 것이다.

혁명은 역사의 기관차라고 맑스는 말했다.[39] 혁명은 억압받고 착취당한 사람들의 축제다. 인민 대중이 혁명의 시기처럼 그렇게 새로운 사회질서의 적극적인 창조자로 나설 수 있는 때는 결코 없다. 단계적 진보라는 소시민의 협소한 기준으로 보면, 이러한 시기에 인민은 기적을 이룰 수 있는 것이다. 하지만 혁명적 당들의 지도자들도 이러한 시기에는 자신들의 임무를 더욱 폭넓고 대담하게 제기하여, 자신들의 슬로건이 대중을 위한 등대로서 대중의 혁명적 자주 활동보다 언제나 앞서 가고, 또한 우리의 민주주의적 이상과 사회주의적 이상을 그 위대하고 매혹적인 모습으로 한껏 보여 주며, 완전하고 확실한 결정적인 승리에 이르는 가장 가까운 직선로를 보여 줄 수 있도록 해야 한다. 혁명에 대한 공포 때문에, 직선로에 대한 공포 때문에 우회적인 타협의 길을 만들어 내는 것은 『해방』파 같은 부르주아지 기회주의자들에게 맡겨 두자. 우리가 억지로 그런 길로 끌려가게 된다면, 우리는 사소한 평상의 활동을 통해서라도 자신의 의무를 다 이행해 낼 수 있을 것이다. 그러나 먼저 가차 없는 투쟁으로 길을 선택하는 문제를 해결하도록 하자. 만일 우리가 가차 없고도 헌신적으로 결정적인 직선로 쟁취 투쟁을 수행하기 위해 대중의 축제 에너지와 혁명적 열정을 이용하지 않는다면, 우리는 혁명의 배신자이자 배반자가 될 것이다. 미래의 반동에 대해서는 부르주아지 기회주의자들이나 겁에 질려 생각하도록 내버려 두자. 반동이 무서울 것이라는 생각도, 부르주아지가 물러서려 할 것이라는 생각도 노동자들을 위협하지는 못한다. 노동자들은 거래를 기다리지 않으며 동냥을 구하지 않는다. 그들은 반동 세력들을 가차 없이 분쇄하기 위하여, 다시 말해 **프롤레타리아트와 농민의 혁명적 민주주의 독재**를 위하여 노력하고 있다.

물론, 우리의 당이라는 배는 노동자계급의 착취자들이 고통스러울 정도로 천천히 노동자계급의 고혈을 빨아내는 것을 뜻하는 자유주의적 진보라는 조용한 "항해" 때보다 폭풍우가 몰아치는 때에 더 큰 위험에 처한다. 물론, 혁명적 민주주의 독재라는 임무는 "극단적 반대파"의 임무나 오직 의회투쟁 하나만 하는 임무보다 천배나 더 어렵고 복잡한 것이다. 하지만 현재의 혁명적 시기에 평화로운 항해와 위험하지 않은 "반대파"의 길을 의식적으로 선호할 수 있는 사람이라면 잠시 사회민주주의 활동을 떠나 혁명이 끝날 때를, 그러니까 축제가 끝나고 또 다시 일상의 생활이 시작되어 제한적인 평상의 척도가 그토록 혐오스러운 불협화음이 되지 않을, 그리고 선도적 계급의 임무가 그토록 기형적으로 왜곡되지도 않을 그런 때를 기다리는 것이 좋을 것이다.

전 인민, 특히 농민의 선봉에서는, 완전한 자유, 일관된 민주주의 변혁, 공화제를 위하여! 모든 노동하는 자와 착취당하는 자의 선봉에서는, 사회주의를 위하여! 혁명적 프롤레타리아트의 정치란 실제로 이런 것이어야 한다. 혁명의 시기에 노동자당의 실천적 행보 하나하나, 전술 문제 하나하나를 관통하여 그것을 해결해야 하는 계급적 슬로건이란 이런 것이어야 한다.

후기
다시 한 번 『해방』주의에 대해,
다시 한 번 신『불꽃』주의에 대해

　　『해방』제71, 72호와『불꽃』제102, 103호는 우리의 소책자 제8장에서 다루었던 문제에 대한 대단히 풍부하고도 새로운 자료들을 제공하였다. 여기에서 이 풍부한 자료들을 모두 이용하는 것은 불가능하기에, 우리는 가장 중요한 것들만을 상세히 기술할 것이다. 첫째, 『해방』이 극구 찬양하고 있는 사회민주주의당 안의 "현실주의"가 어떤 종류의 것인가, 그리고『해방』은 왜 그것을 극구 찬양해야 하는가의 문제, 둘째, 혁명의 개념과 독재의 개념 간의 상호 관계의 문제가 그런 중요한 것들이다.

1. 부르주아 자유주의적 현실주의자들은 왜 사회민주주의적 "현실주의자들"을 찬양하는가?

「러시아사회민주주의당의 분열」이라는 논설과 「상식의 승리」라는 논설(『해방』제72호)은 의식적인 프롤레타리아의 입장에서는 자유주의적 부르주아지의 대표자들이 사회민주주의를 어떻게 판단하고 있는지를 알 수 있는 상당히 가치 있는 글이다. 사회민주주의자들은 누구나 이 논설들을 전체적으로 읽어 보고 그 속에 담긴 각각의 문구들을 숙고해 보아야 한다고 아무리 강력히 권고해도 충분치 못하다. 〈사회민주주의당의 (당의 현재의 모든 적들 중에서) 가장 똑똑하고 (현대사회에서) 가장 강력하고 가장 열렬한 적들의 판단은 사회민주주의자들 자신들의 정치적 계몽을 위해 전적으로 매우 귀중한 자료다.〉 우리는 먼저 이 두 논설의 중요한 명제들을 재현해 보겠다.

『해방』은 말한다. 사회민주주의당을 두 분파로 나누어 놓은 견해차의 현실적인 정치적 의미를 외부의 관찰로 포착하기는 꽤 어렵다. 대의를 위해 약간의 타협은 허용하는 '소수파'와는 달리 '다수파'는 더 급진적이고 융통성 없는 분파라고 규정하는 것은 그리 정확하지 않으며, 어쨌든 그 성격을 완벽하게 묘사하지 못한다. 최소한, 정통 맑스주의의 전통적 교의를 지키고 있는, 그것도 어쩌면 더 열심히 지키고 있는 것은 레닌의 분파보다는 소수파다. 우리가 볼 때 다음과 같이 묘사하는 것이 훨씬 더 정확하다. '다수파'의 기본적인 정치 성향은 추상적인 혁명주의이며 반항 정신이며 어떤 수단을 써서라도 인민 대중 속에서 봉기를 끌어올리고 그들의 이름으로 즉각 권력을 장악하려는 지향이다. 이런 점이 '레닌파'와 사회주의 자혁명가당 당원들을 어느 정도 가깝게 만들며, 그들의 의식에서 전 인민적인 러시아 혁명이라는 사상으로 계급투쟁이라는 사상을 차단하게 하고 있다. '레닌파'는 실천에서 사회민주주의 학설의 편협함을 많은 부분 거부하면서도, 한편으로는 혁명주의의 편협함으로 처음부터 끝까지 물들어 있다. 그들은 즉각적인 봉기의 준비를 제외한 다른 어떤 실천적 활동도 거부하며 모든 형태의 합법 및 반+합법 선동, 그리고 다른 반대파적 경향들과의 관계에서 실천적으로 유용한 모든 종류의 타협 등을 원칙적으로 무시하고 있다. 그와 반대로, 소수파는 맑스주의 교의를 굳건히 고수하면서 그와 함께 맑스주의 세계관의 현실주의적 요소들도 유지하고 있다. 이 분파의 기본 사상은 '프롤레타리아트'의 이해관계를 부르주아지의 이해관계에 대립시키는 것이다. 그러나 다른 한편으로는, 프롤레타리아트의 투쟁이 그 과제와 구체적인 모든 조건들을 명료하게 인식하는 가운데 현실주의적으로 진중하게 — 물론 사회민주주의당의 부동의 교의가 명하는 일정한 한계 내에서 — 사고되고 있다. 이 두 분파 모두 자신들의 기본 관점을 그리 일관되게 유지하지는 못하는데, 그것은 그들이 사상적, 정치적 저술에서 사회민주주의 교리문답서의 엄격한 정식들에 얽매여 있기 때문이다. 이 정식들은 최소한 '레닌파'가 몇몇 사회주의자혁명가당 당원들의 모범을 좇아 융통성 없는 반란자가 되는 것을 막고, 또한 '『불꽃』파'가 노동자계급의 현실적인 정치 운동의 실천적 지도자가 되는 것을 막는다.

『해방』의 필자는 다음 부분에서 주요 결의안들의 내용을 인용하면서 그것들에 관해 약간 구체적으로 언급함으로써 자신들의 일반적 "생각"을 설명하고 있다. 제3차 대회와 비교해 볼 때 "소수파의 협의회는 무장봉기에 대해 완전히 다른 태도를 취하고 있다."라고 그는 말한다. 임시정부에 관한 결의안들의 차이는 "무장봉기에 대한 태도와 관련된" 것이란다. "마찬가지 견해차가 노동조합에 대한 태도에서도 드러난다. '레닌파'는 자신들의 결의안에서 노동자계급의 정치적 교육과 조직화라는 가장 중요한 이 출발점에 관해 일언반구도 하지 않았다. 이와는 반대로, 소수파는 매우 중대한 결의안을 작성했다." 이 두 분파는 자유주의자들에 대한 태도에서는 일치한다는 것이 그의 말이다. 하지만 제3차 대회는 "제2차 대회에서 채택된 자유주의자들에 대한 태도에 관한 쁠레하노프의 결의안을 거의 글자 그대로 반복하며, 같은 대회에서 채택된 자유주의자들에게 더 호의를 보이고 있는 스따로베르의 결의안은 거부한다." "농민운동에 관한 대회 결의안과 협의회 결의안은 일반적으로 동일한 성격을 띠고 있지만, '다수파'는 지주의 영지와 기타 토지를 혁명적으로 몰수한다는 사상을 더 많이 강조하는 반면에 '소수파'는 민주주의적 국가 개혁 및 행정 개혁의 요구를 자신들의 선동의 기초로 삼기를 원한다."

끝으로, 『해방』은 『불꽃』 제100호에 실린 소수파의 결의안 하나를 인용하고 있는데, 그 주요한 항목은 다음과 같다. "지금은 지하 활동 하나만으로는 대중이 당 생활에 충분히 참여하는 것이 보장되지 않으며 어떤 면에서는 그런 대중을 비합법 조직인 당에 대립시키는 결과를 낳기도 한다. 이런 이유로 당은 노동조합 투쟁을 사회민주주의 임무들과 엄격히 관련지으면서 합법적 기반 위에서 반드시 이 투쟁을 책임지고 수행해야 한다."『해방』은 이 결의안을 논하며 다음과 같이 환호하고 있다. "우리는 이 결의안을 상식의 승리로서, 사회민주주의당의 특정 부분이 전술적으로 개명開明한 것으로서 뜨겁게 환영하는 바다."

이제 독자는 『해방』의 본질적인 판단들을 모두 접하게 되었다. 객관적인 진리에의 합치라는 의미에서 이 판단들을 옳은 것으로 간주한다면 이는 매우 큰 과오임이 자명하다. 사회민주주의자라면 누구나 이 판단들의 도처에 널려 있는 과오들을 쉽게 발견할 것이다. 이 모든 판단들이 처음부터 끝까지 자유주의 부르주아지의 관점과 그들의 이해관계로 물들어 있다는 점, 이런 의미에서 이 판단들은 처음부터 끝까지 편견에 가득 차 있고 경향에 치우쳐 있다는 점을 잊는 것은 순진한 일일 것이다. 이 판단들은 오목거울이나 볼록거울이 사물을 반영하는 것과 같은 식으로 사회민주주의당의 견해를 반영하고 있다. 하지만 이 왜곡된 부르주아적 판단들이 사회민주주의당 안의 어떤 경향이 그들 부르주아지에게 유리하고 가까우며 친근하며 호의적인지, 어떤 경향이 유해하고 소원하며 낯설고 적대적인지를 하나의 계급으로서 의심할 나위 없이 정확하게 이해하고 있는 부르주아지의 진정한 이해관계를 결국은 반영하고 있다는 사실을 잊는 것은 더욱 큰 과오가 될 것이다. 부르주아 철학자나 부르주아 정치 평론가는 멘셰비끼 사회민주주의당이건 볼셰비끼 사회민주주의당이건 간에 사회민주주의당이라는 것을 결코 정확하게 이해하지 못할 것이다. 하지만 그가 어느 정도라도 총명한 정치 평론가라면, 그의 계급적 본능이 그를 기만하지 않을 것이므로 사회민주주의당 안의 이러저러한 경향들이 부르주아지에게 갖는 의의의 본질을 언제나 확실하게 움켜쥘 것이다. 비록 전도된 형태로 그것을 표현할지라도 말이다. 그러므로 의식적인 프롤레타리아라면 누구나 우리 적의 계급적 본능과 그의 계급적 판단을 언제나 가장 신중하게 주시할 필요가 있는 것이다.

그렇다면 러시아 부르주아지의 계급적 본능이 『해방』파의 입을 빌려 우리에게 말하는 것은 무엇인가?

그 본능은 신『불꽃』주의 경향에 대해서는 현실주의, 진중함, 상식의 승리, 결의안의 신중함, 전술적 개명, 실제성 등등을 거론하며 찬양하는 식으로 그에 대한 만족감을 아주 확연하게 표현하는 한편, 제3차 대회의 경향에 대해서는 편협성, 혁명주의, 반항 정신, 실천적으로 유용한 타협의 거부 등등을 거론하며 질책하는 식으로 그에 대한 불만을 표현한다. 부르주아지의 계급적 본능은 우리의 문건에서 가장 정확한 자료들에 의해 여러 차례 증명된 사실, 즉 신『불꽃』파는 현재의 러시아사회민주주의당의 기회주의 진영이며 그 반대자는 혁명적 진영이라는, 바로 그 사실을 부르주아지에게 속삭여 주는 것이다. 자유주의자들은 전자의 경향에 공감하지 않을 수 없으며 후자의 경향을 질책하지 않을 수 없다. 부르주아지의 이데올로그로서 자유주의자들은 부르주아지에게 이로운 것은 노동자계급의 "실제성, 진중함, 신중성"이라는 점, 즉 노동자계급의 활동 분야가 자본주의, 개혁, 조합 투쟁 등등의 틀에 실천적으로 제한되는 것이라는 점을 매우 잘 이해하고 있다. 프롤레타리아트의 "혁명주의적 편협성"과 프롤레타리아트가 그 계급적 임무를 달성하기 위해 전 인민적인 러시아 혁명에서 지도적 역할을 해 내려는 지향은 부르주아지에게는 위험하고도 끔찍한 것이다.

『해방』파가 의미하는 바의 "현실주의"라는 단어의 의미가 진정으로 이런 것임은 『해방』과 스뜨루베 씨가 이 단어를 사용한 전례를 보면 알 수 있다. 『불꽃』 자신도 『해방』파의 "현실주의"가 이와 같은 의미를 갖는다는 것을 인정하지 않을 수 없었다. 예를 들어, 『불꽃』 제73, 74호의 별책 부록에 실린 「때가 왔다!」라는 논설을 기억해 보라. 이 논설의 저자(러시아사회민주주의노동자당 제2차 대회에서 "늪"파[40]의 견해를 일관되게 대변한 자)는 자신의 의견을 직접적으로 이렇게 표현했다. "아끼모프는 대회에서 기회주의의 실제 대표자라기보다는 기회주의의 유령에 가까운 역할을 했다." 그리고 『불꽃』의 편집국은 주를 통해 다음과 같이 선언함으로써, 「때가 왔다!」라는 논설의 저자가 한 말을 그 즉시 수정하지 않을 수 없었다.

이 의견에는 동의할 수 없다. 아끼모프 동지의 강령적 견해에는 기회주의의 명백한 흔적이 있으니, 이는 『해방』의 비판가도 인정한 바이며, 이 비판가는 『해방』 최근호들 중 하나에서 아끼모프 동지가 "현실주의적 — 수정주의적이라고 읽을 것 — 경향"에 합류하고 있다고 언급했다. 〈『전진』출판사의 소책자 『친절한 자유주의자』 참조.〉

이처럼, 『해방』의 "현실주의"란 바로 기회주의일 뿐 다른 아무것도 아니라는 점을 『불꽃』 자신이 매우 잘 알고 있다. 『불꽃』이 "자유주의적 현실주의"를 공격하면서도(『불꽃』 제102호), 자유주의자들이 자신을 현실주의라고 찬양했다는 사실에 대해서는 지금 침묵을 지킨다면, 이 침묵은 그러한 찬양이 온갖 질책들보다 더 쓰라리기 때문인 것으로 설명된다. 그러한 찬양(그것은 『해방』이 우연히 진술한 것도, 처음으로 진술한 것도 아니다.)은 자유주의적 현실주의 경향과 사회민주주의적 "현실주의"(기회주의라고 읽을 것) 경향이 실제로 같은 계통 관계임을 증명하는 것이다. 이 경향들은 신『불꽃』파의 모든 결의안에서 다 엿보이는데, 그것은 그들의 전술적 입장 전체가 잘못됐기 때문이다.

사실 러시아의 부르주아지는 "전 인민적인" 혁명에서 그들의 비일관성과 탐욕스러움을 이미 충분히 드러냈다. 스뜨루베 씨의 주장도, 많은 자유주의 신문들의 내용과 전체 어조도, 그리고 수많은 지방의원과 지식인, 뜨루베쯔꼬이, 뻬뜨룬께비치, 로지체프, 그리고 그들 일파를 지지하는 온갖 자들이 행한 정치 연설의 성격도 모두 이를 드러낸 것이다. 부르주아지가 프롤레타리아트와 "인민"은 한편으로는 전제 정부에 맞선 육탄으로서, 공격용 망치로서 부르주아혁명을 위해 유용하지만, 다른 한편으로는 "짜르 체제에 대한 결정적인 승리"를 거두고 민주주의혁명을 끝까지 이끌고 갈 경우에 부르주아지에게 끔찍할 정도로 위험하다는 사실을 언제나 분명하게 이해하는 것은 물론 아니지만, 그들은 대개 계급적 감각에 의해 그 사실을 매우 잘 감지하고 있다. 따라서 부르주아지는 프롤레타리아트가 혁명에서 "겸손한" 역할에 만족하고 좀 더 진중하고 실제적이며 현실주의적이 되도록, 그리고 그들의 활동이 "부르주아지가 물러서지 않을까"라는 원칙에 규정되도록 온 힘을 다해 노력하고 있다.

지식인 부르주아는 자신들이 노동자운동을 없애지는 못한다는 것을 매우 잘 알고 있다. 따라서 그들은 노동자운동 그 자체, 프롤레타리아트의 계급투쟁 그 자체를 결코 반대하지 않으며, 오히려 노동자운동과 계급투쟁을 브렌타노 식, 혹은 히르쉬-둥커 식 의미[41]로 이해하면서 파업의 자유와 교양 있는 계급투쟁에 대해서는 갖가지 방법으로 아첨하기까지 한다. 달리 말하자면, 노동자들이 "반항 정신"과 "편협한 혁명주의"를, 그리고 "실천적으로 유용한 타협들"에 대한 적의를, "전 인민적인 러시아 혁명"에 자신들의 **계급투쟁**, 프롤레타리아의 일관성, 프롤레타리아의 단호함, "평민적 자꼬뱅주의" 등을 각인시키려는 요구와 지향을 포기하기만 한다면, 그들은 노동자에게 (사실상 노동자들 스스로가 이미 싸워 얻은 것이나 다름없는) 파업과 결사의 자유를 "양보할" 태세를 충분히 갖추고 있다. 그런 까닭에 전 러시아의 지식인 부르주아는 수천 가지 수단과 방법들을 통해 ─ 책, 강연, 연설 및 대담 등등을 통해 ─ (부르주아적) 진중함, (자유주의적) 실제성, (기회주의적) 현실주의, (브렌타노 식) 계급투쟁, (히르쉬-둥커 식) 노동조합 등의 사상을 노동자들에게 불어넣으려 전력을 다해 애쓰고 있다. 마지막 두 가지 슬로건은 "입헌민주주의"당, 혹은 『해방』파 당의 부르주아들에게는 특히 편리한 것이다. 왜냐하면 외견상 이 슬로건들은 맑스주의와 일치하기 때문이며, 조금만 침묵하거나 약간 왜곡시키면 사회민주주의 슬로건들과 혼동하기 쉽고 심지어 때로는 사회민주주의 슬로건이라고 사칭하기도 쉽기 때문이다. 예를 들어, 합법적 자유주의 신문인 『여명』(이에 관해 우리는 『프롤레타리아』의 독자들과 어떻게든 더 자세하게 대담을 나눠 보려 하겠다.)은 계급투쟁, 부르주아지가 프롤레타리아트를 기만할 가능성, 노동자운동, 프롤레타리아트의 자주 활동 등등에 관해 매우 "대담한" 발언을 종종 하는데, 부주의한 독자나 미성숙한 노동자는 그들의 "사회민주주의"를 액면 그대로 쉽게 받아들일 정도다. 그렇지만 실제로 이는 사회민주주의를 부르주아식으로 모방한 것이자 계급투쟁의 개념을 기회주의적으로 왜곡하고 곡해한 것이다.

부르주아의 이 모든 엄청난(대중에 대한 영향력의 규모로 볼 때) 슬쩍 바꾸기 수법의 기초에는 노동자운동을 주로 조합운동에 귀결시키려는 경향, 그 운동을 독자적인(즉, 민주주의 독재를 지향하고 있으며 혁명적인) 정치로부터 훨씬 멀리 묶어 두고 "그들, 즉 노동자들의 의식에서 계급투쟁이라는 사상으로 전 인민적인 러시아 혁명이라는 사상을" 차단하려는 경향이 놓여 있는 것이다.

독자께서 보다시피, 우리는 『해방』의 정식을 거꾸로 뒤집었다. 이 정식은 민주주의혁명에서 프롤레타리아트가 맡아야 할 역할에 대한 두 가지 견해, 즉 부르주아적 견해와 사회민주주의 적 견해를 매우 잘 탁월하게 표현한 것이다. 부르주아지는 프롤레타리아트를 조합운동 하나로만 귀결시키고 싶어 하며, 그렇게 함으로써 "프롤레타리아트의 의식에서 (브렌타노 식) 계급투쟁이라는 사상으로 전 인민적인 러시아 혁명이라는 사상을 차단시키려" 하는데, 이는 노동자들의 의식에서 "순수한 노동자" 운동이라는 사상으로 정치투쟁의 사상을 차단한 바 있던 Credo 의 베른슈타인주의 저자들의 정신과 전적으로 같은 것이다. 이와는 달리, 사회민주주의당은 전 인민적 러시아 혁명에 프롤레타리아트가 지도적으로 참여하는 가운데서 프롤레타리아트의 계급투쟁을 발전시키기를, 즉 이 혁명을 프롤레타리아트와 농민의 민주주의 독재로까지 이끌고 가기를 원하는 것이다.

부르주아지는 프롤레타리아트에게 말한다. 우리 나라의 혁명은 전 인민적인 것이라고. 그러므로 특별한 계급인 여러분은 자신의 계급투쟁에만 그쳐야 하며, "상식"의 이름으로, 노동조합이나 노동조합의 합법화에 주요한 관심을 돌려야 하며, 바로 이 노동조합을 "자신의 정치 교육과 조직화의 가장 중요한 출발점"으로 간주해야 하며, 혁명적 시기에는 신『불꽃』처럼 주로 "신중한" 결의안을 작성해야 하며, "자유주의자들에게 더 호의적인" 결의안에 세심한 태도를 취해야 하며, "노동자계급의 현실적 정치 운동을 실천적으로 지도하는 사람"이 되려는 경향을 지닌 지도자를 선호해야 하며, (유감스럽게도 여러분이 이미 이 "비과학적인" 교리문답서의 "엄격한 정식들"에 감염되었다면)

"맑스주의 세계관"의 현실주의적 요소들을 유지해야 한다고.

사회민주주의당은 프롤레타리아트에게 말한다. 우리 나라의 혁명은 전 인민적인 것이라고. 그러므로 여러분은 가장 선도적이고 끝까지 혁명적인 유일한 계급으로서 혁명에 가장 정력적으로 참여하는 것은 물론 지도적으로 참여할 수 있도록 노력해야 한다고. 그러므로 여러분은 계급투쟁을 협소하게 이해한 틀, 특히 노동조합운동이라는 의미로 이해한 틀에 틀어박히지 말고 반대로 계급투쟁의 틀을 확대시켜 민주주의적인 현재의 전 인민적인 러시아 혁명의 과제 일체뿐만 아니라 그 이후의 사회주의혁명의 과제까지도 이 틀이 아우를 수 있도록 해야 한다고. 그러므로 여러분은 조합운동을 무시하거나 좁디좁은 합법 영역을 이용하는 것을 거부하지 않으면서도, 혁명의 시기에는 무장봉기 및 혁명군과 혁명정부의 형성이라는 임무를 짜르 체제에 대한 인민의 완전한 승리에 이르는 유일한 길이자 민주주의 공화제와 진정한 정치적 자유 쟁취에 이르는 유일한 길로서 최우선적인 것으로 내세워야 한다고.

신『불꽃』파 결의안들이 그 잘못된 "노선"으로 말미암아 이 문제에서 얼마나 일관성 없고 어중간한 입장을, 따라서 자연히 부르주아지에게 우호적인 입장을 취했는지에 관해서는 더 이상 말할 필요가 없을 것이다.

2. 마르띠노프 동지, 문제를 새롭게 "심화"하다

『불꽃』제102호와 103호에 실린 마르띠노프의 논설들로 넘어가 보자. 엥겔스와 맑스에게서 인용한 많은 문장들에 대한 우리의 해석은 잘못된 것이며 자신의 해석이 옳다는 것을 증명하려 한 마르띠노프의 시도들에 우리가 답하지 않을 것임은 두 말할 나위가 없다. 다시 검토할 흥미가 나지 않을 정도로 이 시도들은 하잘것없으며, 마르띠노프가 요리조리 피해 가는 것이 너무 확연하고 문제가 너무 명료하다. 생각이 있는 독자라면 누구라도 마르띠노프가 모든 전선에서 뒤로 물러서면서 보인 간단한 잔꾀를 스스로 쉽게 파악할 것인데, 특히『프롤레타리아』협력자 그룹이 준비 중인, 엥겔스의『바꾸닌주의자들의 활동상』과 1850년 3월에 나온 맑스의『공산주의자동맹 지도부의 호소』라는 소책자들의 완역본이 발간되면 더욱 그러할 것이다.[42] 독자에게 그의 물러섬을 명확하게 보여 주기 위해서라면, 마르띠노프의 논설들 중 한 문장을 인용하는 것만으로도 충분할 것이다.

마르띠노프는 제103호에서 말한다. "『불꽃』은 임시정부의 수립을 혁명 발전의 가능하고도 합목적적인 길들 중 하나로서 인정하지만, 그럼에도 이른바 사회주의 변혁을 위한 미래의 국가기구를 완전히 장악하기 위해 사회민주주의자들이 **부르주아** 임시정부에 참여하는 것이 합목적적이라는 견해는 부인한다." 달리 말하자면,『불꽃』은 이제 혁명정부가 국고와 은행을 책임지는 것, "감옥"을 손에 넣는 것의 위험성과 불가능성 등에 관한 자신의 모든 공포가 가당찮다는 것을 인정했다. 단지 이전처럼『불꽃』은 민주주의 독재와 사회주의 독재를 혼동하면서 갈팡질팡하고 있다. 물러섬을 은폐하는 수단으로서 이런 혼란은 필연적인 것이다.

그러나 신『불꽃』의 얼간이들 중 마르띠노프는 일급의 인물로서 두드러지며, 이렇게 표현해도 된다면 천재적인 얼간이다. 문제를 "심화"하려는 헛수고로 문제를 뒤죽박죽으로 만들면서, 거의 언제나 그는 자신이 취해 온 입장이 온통 사기임을 멋지게 조명하는 새로운 정식에 "도달하곤 한다." "경제주의"의 시대에 그가 쁠레하노프를 어떻게 "심화해서" "고용주와 정부에 대한 경제투쟁"이라는 정식을 창조적으로 만들어 냈는지 상기해 보라.[43] "경제주의자들"의 문건을 통틀어 이런 경향의 사기를 이보다 더 성공적으로 표현한 것은 찾기 어려울 것이다. 지금도 역시 마찬가지다. 마르띠노프는 신『불꽃』에 열심히 봉사하고 있으며, 발언할 때마다 거의 매번 신『불꽃』파의 기만적 입장을 평가하기에 좋은 새롭고 멋진 자료를 우리에게 제공한다. 제102호에서 그는 레닌이 "혁명과 독재라는 개념을 은근 슬쩍 바꿔치기했다." (3쪽 둘째 문단)라고 말한다.

우리에 대한 신『불꽃』파의 모든 비난은 본질적으로 이런 비난으로 귀결된다. 그러니 어떻게 우리가 이런 비난에 대해 마르띠노프에게 감사하지 않겠는가! 그는 이런 비난의 정식을 제공함으로써 신『불꽃』주의에 대한 투쟁에서 우리에게 얼마나 값진 공헌을 하고 있는 것인가! 『불꽃』이 『프롤레타리아』에 대한 공격을 "심화"하기 위해, 그리고 그런 공격을 "정말 원칙적으로" 정식화하기 위해, 우리를 반대하는 마르띠노프의 글을 더 자주 발행해 주었으면 한다고 『불꽃』 편집국에 부탁하는 것이 좋겠다. 왜냐하면 마르띠노프가 원칙적으로 논리를 펴면 펼수록 그의 논리는 더욱 형편없는 것임이 드러나고, 그가 보여 주는 신

『불꽃』주의의 결함이 더욱 분명해지고, 자신과 친구들에 대해 유용한 교육적 작용, 즉 reductio ad absurdum[어리석음으로 되돌아가는 것](신『불꽃』의 원칙들을 황당한 수준으로 이끄는 것)을 더욱 성공적으로 일으키기 때문이다.

『전진』과 『프롤레타리아』가 혁명의 개념과 독재의 개념을 "바꿔치기했다"라고 한다. 『불꽃』은 그런 "바꿔치기"를 원하지 않는다고 한다. 바로 그렇소, 존경스러운 마르띠노프 동지! 당신은 무심코 중대한 진실을 말했소. 당신은 『불꽃』이 혁명의 꽁무니에서 끌려가고 있으며 혁명의 임무를 『해방』파의 정식으로 빗나가게 하는 반면 『전진』과 『프롤레타리아』는 민주주의혁명을 진전시키는 슬로건들을 제공하고 있다는 우리의 명제를 새로운 정식을 통해 확인해 준 것이오.

마르띠노프 동지, 당신은 이해하지 못하는가? 문제의 중요성을 고려해서, 우리는 당신에게 상세한 설명을 해 주려고 노력하겠다.

민주주의혁명의 부르주아적 성격이 드러나는 것은 다음과 같은 사실, 즉 전적으로 사적 소유와 상품경제를 인정하는 기반 위에 서 있고 이 틀을 벗어날 수 없는 많은 사회계급, 그룹, 계층 등이 사태의 힘에 이끌려 전제 정체와 농노제 전반의 무용성을 인정하는 결론에 도달하고 자유를 요구하는 데 합류하는 사실을 통해서다. "사회"가 요구하고 지주와 자본가들의 말(오직 말일 뿐이다!)의 홍수가 옹호하는 이러한 자유가 지닌 부르주아적 성격은 이 지점에서 점점 더 명료하게 겉으로 드러나게 된다. 이와 함께 자유를 위한 노동자의 투쟁과 부르주아의 투쟁

사이의 근본적인 차이, 프롤레타리아 민주주의와 자유주의 민주주의 사이의 근본적인 차이 역시 점점 더 명확해진다. 노동자 계급과 그 의식적 대표자들은 앞서 나아가면서 이 투쟁을 앞으로 밀고 간다. 이들은 이 투쟁을 끝까지 이끌고 가는 것을 두려워하지 않을 뿐더러 민주주의혁명의 가장 끝 지점보다 훨씬 더 멀리까지 나아가려 노력한다. 부르주아지는 일관성이 없고 이기적이며, 자유라는 슬로건을 단지 불완전하게만 그리고 위선적으로만 채택한다. 부르주아 자유의 벗들의 이러한 위선이 시작되는 경계를 (스따로베르 혹은 협의회파가 만든 결의안의 항목들 따위와 같은) 특별히 작성한 "항목들"과 특별한 선으로 규정해 보려는 온갖 시도는 불가피하게 실패하기 마련인데, 왜냐하면 (전제 정부와 프롤레타리아트라는) 진퇴유곡에 빠져 있는 부르주아지는 왼쪽으로 한 치, 오른쪽으로 한 치 영합해 가면서, 또한 항상 홍정하거나 장사꾼 기질을 발휘하면서 수천 가지 방법과 수단들을 동원하여 자신의 입장과 슬로건들을 바꿀 수 있기 때문이다. 프롤레타리아 민주주의의 임무는 그런 죽은 "항목들"을 고안해 내는 것이 아니라, 발전해 가는 정치 정세를 부단히 비판하고 점점 새로워지고 미리 생각지 못한 부르주아지의 비일관성과 배신을 폭로하는 것이다.

스뜨루베 씨의 비합법 문건에 나온 정치적 발언의 역사와 그와 사회민주주의당의 전쟁의 역사를 기억해 본다면, 여러분은 프롤레타리아 민주주의의 열렬한 옹호자인 사회민주주의당이 이러한 임무들을 실현시켜 온 바를 명확하게 알게 될 것이다. 스뜨루베 씨는 "권력을 쥔 지방의회와 권리"라는 순전히 시뽀프 식의 슬로건에서 시작했다. (『새벽』에 실린 나의 논설 「지방의회의 박해자들과 자유주의의 한니발들」을 보라.) 사회민주주의당은 그를 폭로하여 확연한 입헌주의 강령 쪽으로 밀어냈다. 혁명적 사건이 대단히 급속도로 진행된 덕분에 이러한 "밀어냄"이 효과를 나타냈을 때, 투쟁은 민주주의의 다음과 같은 문제, 즉 헌법 일반뿐만 아니라 비밀투표에 의한 보통, 직접, 평등 선거권의 문제를 향하였다. 우리가 "적"에게서 이 새로운 입장 (『해방』연맹이 보통선거권을 채택한 것)을 "차용했을 때" 우리는 『해방』파가 인정한 보통선거권의 불완전함 및 양원제의 위선과 기만성을 보여 주었고, 그들의 **군주주의** 속에 있는 그들 민주주의의 장사꾼적 성격, 달리 말하자면 이 『해방』파의 영웅들이 러시아의 위대한 혁명의 이해관계라는 돈 보따리에 입힌 손해를 보여 주었다.

결국, 전제 정부의 야만적 완고함, 내전의 거대한 진전, 군주주의자들로 인해 러시아가 빠진 출구 없는 상황 등이 가장 둔감한 사람들을 두들겨 깨우기 시작했다. 혁명은 **사실**이 된 것이다. 더 이상 혁명을 인정하기 위해서 혁명가가 될 것을 요구받지 않게 되었다. 전제 정부는 겉으로 만인의 눈앞에서 사실상 분해되었고 분해되어 가고 있다. 한 자유주의자(그레제스꿀 씨)가 합법 출판물에서 정당하게 지적한 것처럼, 이 정부에 대한 사실상의 불복종이 만들어졌다. 전제 정부는 보이는 온갖 힘에도 불구하고 무력한 지경이 되었고, 발전하는 혁명의 사건들은 산 채로 분해되고 있는 이 기생물을 그저 옆으로 밀어내기 시작했다. 실제로 조성되고 있는 당면한 관계들의 기반 위에서 자신들의 활동(혹은, 더 올바르게 말하자면, 자신들의 정치적 돈벌이)을 만들어 가지 않으면 안 되었던 자유주의적 부르주아들은 **혁명을 인정할 필요가 있다는 결론**에 도달하기 시작했다. 그들이 혁명가여서가 아니라, 혁명가가 아님에도 불구하고 그렇게 하고 있는 것이다. 그들이 그렇게 하는 것은 필요에 의해서, 의지에 반해서다. 그들은 거래가 아니라 투쟁을, 살기 위한 투쟁이 아니라 죽음을 위한 투쟁을 원하는 전제 정부의 혁명성을 비난하면서, 적의를 품고 혁명의 성공을 바라본다. 타고난 장사꾼인 그들은 투쟁과 혁명을 증오하지만, 상황이 그들을 혁명의 기반 위에 서지 않을 수 없도록 만들고 있다. 발밑에 다른 기반이 없기 때문이다.

우리는 대단히 교훈적이며 대단히 희극적인 광경을 목격하고 있다. 부르주아 자유주의의 매춘부들이 혁명성의 토가를 걸치려 애쓰고 있다.『해방』파가 — risum teneatis amici[신사 양반들, 웃음을 조금 참으시길]! — 혁명의 이름으로 말하기 시작하고 있다! "혁명을 두려워하지 않는다."(『해방』제72호, 스뜨루베 씨)고『해방』파가 단언하기 시작하고 있다!!! "혁명의 선봉에 서"라는 요구를 표현하고 있다!!!

이는 부르주아 자유주의의 진보를 특징짓는, 그뿐만 아니라 그들이 혁명운동을 인정하도록 **강제한** 운동의 현실적 성공이라는 더 큰 진보를 특징짓는 대단히 의미심장한 현상이다. 부르주아지조차도 혁명의 기반 위에 서는 것이 더 유리하다고 느끼기 시작할 정도로 전제 정부는 흔들리고 있다. 그러나 다른 한편으로, 전체 운동이 새롭고 더 높은 단계로 올라섰음을 증명하는 이러한 현상은 우리 앞에 마찬가지로 새롭고, 마찬가지로 더 높은 임무를 제기하고 있다. 이러저러한 부르주아 이데올로그의 개인적 성실성과는 관계없이, 부르주아지가 혁명을 인정하는 것은 진심일 수 없다. 부르주아지는 운동의 이러한 더 높은 단계에서도 역시 이기심과 비일관성, 그리고 흥정과 사소한 반동적 계략을 끌어오지 않을 수 없다. 우리는 이제 우리의 강령을 걸고, 우리 강령의 발전을 위한 혁명의 당면한 구체적인 과제들을 달리 정식화해야만 한다. 어제는 충분했던 것이 오늘은 불충분하다. 혁명을 인정하라는 요구는 선도적인 민주주의 슬로건으로서 어제는 아마도 충분했을 것이다. 이제는 그것으로는 부족하다. 혁명은 스뜨루베 씨조차도 혁명을 인정하도록 강제했다. 선도적 계급으로서는 이제 이 혁명의 긴박하고 절박한 과제들의 내용 자체를 정확하게 규정할 필요가 있다. 스뜨루베 씨는 혁명을 인정하면서도, 여기서도 다시 또다시 자신의 당나귀 귀를 내밀고 평화적 결말의 가능성의 노래를 부르고, 니꼴라이가 『해방』파 신사 양반들에게 권력을 잡으라고 요청할 것이라는 등등의 옛날 노래를 부르고 있다. 『해방』파 신사 양반들은 자신들에게 더 안전하도록 속임수로 숨겨서 배반하기 위하여 혁명을 인정한다. 이제 우리가 할 일은 프롤레타리아트와 전 인민에게 혁명이라는 슬로건으로는 불충분함을 지적하고 혁명의 내용 자체를 명료하고 명확하며 일관되고 단호하게 규정하는 것이 필요함을 보여 주는 것이다. 그런데 이런 규정이야말로 혁명의 "결정적인 승리"를 정확하게 표현할 수 있는 유일한 슬로건, 곧 프롤레타리아트와 농민의 민주주의 독재라는 슬로건이다.

말을 남용하는 것은 정치에서 가장 흔한 현상이다. 예를 들어, 영국의 부르주아 자유주의 지지자들도("이제 우리는 모두 사회주의자다.", 즉 "We all are socialists now."라고 하커트는 말했다.), 그리고 비스마르크 지지자들과 교황 레오 13세의 친우들도 여러 차례 스스로를 "사회주의자"라 불렀다. "혁명"이라는 단어 역시 남용하기에 더없이 적당하므로 운동 발전의 일정 단계에서 이러한 남용은 필연적이다. 스뜨루베 씨가 혁명의 이름으로 말하기 시작하자, 우리는 어쩔 수 없이 띠에르를 상기하지 않을 수 없었다. 부르주아지의 정치적 타락을 모범적으로 표현한 이 괴상망측 소인증 환자는 2월 혁명이 있기 며칠 전에 인민의 폭풍이 가까이 왔음을 감지했다. 그래서 그는 의회 연단에서 자신이 **혁명당 소속**이라고 선언했던 것이다!(맑스의 『프랑스 내전』을 보라.)[44] 『해방』파가 혁명당으로 옮겨 간 것의 정치적 의의는 띠에르가 이렇게 "옮겨 간 것"과 **완전히 동일하다**. 러시아의 띠에르들이 자신들은 혁명당 소속이라고 말하기 시작했다면, 이는 혁명이 사실이 되었고 정말 완전히 다른 성격의 분자들이 혁명 진영으로 밀려들기 시작하고 있기 때문에 혁명이라는 슬로건으로는 불충분하게 되었으며 그것은 아무것도 말하지 않고 어떠한 임무도 규정하지 않는 슬로건이 되었음을 의미한다.

실상, 맑스주의의 관점에서 볼 때 혁명이란 무엇인가? 낡은 정치적 상부구조의 폭력적인 파괴다. 새로운 생산관계와 그러한 상부구조 사이의 모순은 일정 시점에서 상부구조의 붕괴를 초래한다. 자본주의 러시아의 제도 전체와 전제 정체와의 모순, 러시아의 부르주아 민주주의 발전의 모든 요구들과 전제 정체 사이의 모순은 인위적으로 더 오래 유지되면 될수록 이제 더욱더 강력한 붕괴를 초래한다. 상부구조의 모든 봉합 부분들이 갈라지고 압력에 의해 기울어지면서 약해지고 있다. 극히 다양한 계급과 집단의 대표자로서 인민은 스스로 새로운 상부구조를 만들어 내야 한다. 낡은 상부구조의 무용성은 일정한 발전의 시점에서 만인에게 명료해진다. 혁명을 모든 사람이 인정한다는 것이다. 이제 과제는 바로 어떤 계급들이 도대체 어떻게 새로운 상부구조를 건설해야 하는지를 규정하는 것이다. 이러한 규정이 빠져 있는 혁명이라는 슬로건은 당면한 시기에 공허하고 무의미한데, 그것은 전제 정부의 취약성이 대공들과 『모스크바 통보』조차 "혁명가들"로 만들고 있기 때문이다! 이러한 규정 없이는 선도적 계급의 선도적인 민주주의의 과제라는 말도 성립될 수 없다. 그런데 그 규정이 바로 프롤레타리아트와 농민의 민주주의 독재라는 슬로건이다. 이 슬로건은 새로운 상부구조의 새로운 "건축자들"이 의존할 수 있고 또 그렇게 해야 하는 계급들, 그리고 그 상부구조의 성격(사회주의와는 다른 "민주주의" 독재)과 건설 방법(독재, 즉 폭력적 저항의 폭력적 진압과 혁명적 인민 계급들의 무장)을 규정하고 있다. 이제 혁명적 민주주의 독재라는 이러한 슬로건, 혁명군, 혁명정부, 혁명적 농민위원회라는 이러한 슬로건을 인정하지 않는 사람은 혁명의 임무들을 도무지 이해하지 못하여 당면한 시기에 제기되고 있는 더 높고 새로운 혁명의 과제를 규정할 능력이 없는 자이거나 아니면 "혁명"이라는 슬로건을 남용하면서 인민을 기만하고 혁명을 배반하는 자다.

첫째 경우는 마르띠노프 동지와 그의 벗들이다. 둘째 경우는 스뜨루베 씨와 지방의회 "입헌민주주의" 당 전체다.

마르띠노프 동지는 너무 통찰력 있고 명민한 나머지 혁명이 발전해 감에 따라 그 과제를 독재라는 슬로건으로 규정할 필요가 있던 바로 그 시점에, 우리가 혁명이라는 개념과 독재라는 개념을 "바꿔치기했다"라는 비난을 들이밀었다! 마르띠노프 동지는 끝에서 바로 전 단계에 발이 걸려 『해방』주의 수준에 머물면서 꽁무니에 남는 불행을 사실상 또다시 겪게 되었다. 왜냐하면 "혁명"을 (말로는) 인정하면서도 프롤레타리아트와 농민의 민주주의 독재(즉, 실제로의 혁명)를 인정하지 않으려 하는 것은 이제 『해방』파의 정치적 입장, 즉 자유주의적 군주주의 부르주아지의 이해관계에 합치하기 때문이다. 이제, 자유주의 부르주아지는 스뜨루베 씨의 입을 빌려 혁명에 대한 지지를 진술하고 있다. 의식적 프롤레타리아트는 혁명적 사회민주주의자들의 입을 빌려 프롤레타리아트와 농민의 독재를 요구하고 있다. 그런데 여기서 신『불꽃』의 똑똑한 체하는 자가 이 논쟁에 개입하여 외친다. 혁명이라는 개념과 독재라는 개념을 감히 "바꿔치기하지" 말라! 보라, 자신들의 입장이 지닌 사기꾼 성격으로 말미암아 신『불꽃』파는 『해방』주의의 꽁무니에서 항상 끌려다닐 운명에 처하지 않겠는가?

우리는 『해방』파가 민주주의를 인정하는 일에서 한 계단 한 계단 위쪽으로 올라가고 있음(사회민주주의당의 격려성 자극에 영향을 받지 않았다고 할 수 없다.)을 보여 주었다. 처음에 우리와 그들의 논쟁에서 문제가 된 것은 시쁘프주의(권력을 쥔 지방의회와 권리)냐 아니면 입헌주의냐 하는 것이었다. 그 다음에는 제한선거권이냐 아니면 보통선거권이냐였다. 더 나아가서는 혁명을 인정하느냐 아니면 장사꾼처럼 전제 정부와 거래를 할 것이냐였다. 끝으로 이제는 프롤레타리아트와 농민의 독재가 없는 혁명을 인정하느냐 아니면 민주주의혁명에서 이 계급들의 독재 요구를 인정하느냐. 『해방』파 신사 양반들이 (어쨌거나 부르주아 민주주의의 좌익에 현재의 그들이, 혹은 그들의 후계자들이 있긴 하니까) 또 한 계단 더 올라서는 것, 그러니까 머지않아 (어쩌면 마르띠노프 동지가 한 계단 더 올라서게 될 그때쯤) 독재라는 슬로건도 인정하는 것은 가능한 일이며 또 그럴지도 모른다. 러시아의 혁명이 성공적으로 진전되어 결정적인 승리에까지 이른다면 심지어 필연적으로도 그렇게 될 것이다. 그때 사회민주주의당의 입장은 어떠한 것이 될 것인가? 현재의 혁명의 완전한 승리는 민주주의 변혁의 종결이자 사회주의 변혁을 위한 결정적인 투쟁의 시작이 될 것이다. 오늘날의 농민이 요구하는 것들을 실현하고 반동을 완전히 분쇄하고 민주주의 공화제를 쟁취하는 것은 부르주아지, 심지어 소부르주아지의 혁명성이 완전히 종결되는 지점이며 사회주의를 위한 프롤레타리아트의 진정한 투쟁이 시작되는 지점이다. 민주주의 변혁이 완전하면 할수록 이 새로운 투쟁은 더 빠르고 더 광범위하며 더 순수하고 더 단호하게 전개될 것이다. "민주주의" 독재라는 슬로건은 현재의 혁명이 갖는 역사적 제한성을 표현하는 말이며, 온갖 압제와 온갖 착취에서 노동자계급을 완전히 해방시키려면 새로운 질서를 기반으로 하는 새로운 투쟁이 필요함을 표현하는 말이기도 하다. 달리 말하자면, 민주주의적 부르주아지 혹은 소부르주아지가 한 계단 더 올라설 때, 혁명뿐만 아니라 혁명의 완전한 승리가 사실이 될 때, 그때 우리는 민주주의 독재라는 슬로건을 프롤레타리아트의 사회주의 독재, 즉 완전한 사회주의 변혁이라는 슬로건으로 (아마도, 미래의 새로운 마르띠노프 같은 자들이 공포의 비명을 지르는 가운데) "바꿔치기할" 것이다.

3. 독재에 대한 속류 부르주아적 묘사와 맑스의 견해

메링은 맑스가 1848년에 『신라인신문』에 쓴 논설들을 출판하면서 붙인 주를 통해 부르주아 문헌이 그동안 이 신문을 다음과 같이 질책해 왔다고 이야기하고 있다. 즉, 『신라인신문』은 "민주주의를 실현할 유일한 수단으로서 독재를 즉각적으로 도입할 것"(Marx' Nachlass[맑스의 유산] 제3권 53쪽)[45]을 요구했다는 것이다. 속류 부르주아적 관점에서 볼 때, 독재라는 개념과 민주주의라는 개념은 서로를 배제한다. 계급투쟁 이론을 이해하지 못하며 정치 무대에서 부르주아지 도당들과 그 다양한 서클들의 시시한 언쟁을 보는 데 익숙해진 부르주아는 독재라는 것을 민주주의의 모든 자유와 보장을 폐지하는 것, 온갖 전횡, 독재자 개인을 위해 권력을 갖가지로 남용하는 것 따위로 이해한다. 본질적으로 바로 이 속류 부르주아적 관점이 우리의 마르띠노프에게도 엿보이는데, 그는 신『불꽃』에 실린 자신의 「새로운 출정」을 끝맺음하면서, 『전진』과 『프롤레타리아』가 독재라는 슬로건을 편애하는 것은 레닌이 "운을 시험해 보길 열

럴히 원하기" 때문이라고 설명한다(『불꽃』제103호 3쪽 2문단).
이 매력적인 설명은 『신라인신문』이 독재를 선전하고 있다는
부르주아의 비난과 전적으로 같은 수준에 있다. 따라서 맑스 역
시 혁명과 독재라는 개념들을 "바꿔치기했다"라고 폭로되었던
것이다. 다만 "사회민주주의자들"이 아니라 부르주아 자유주의
자들에 의해! 개인의 독재와는 다른 계급독재의 개념, 그리고
사회주의 독재와는 다른 민주주의 독재의 과제들을 마르띠노프
에게 설명해 주기 위해서는 『신라인신문』의 견해들을 살펴보는
것도 쓸모없는 일은 아닐 것이다.

1848년 9월 14일자 『신라인신문』은 다음과 같이 쓰고 있다.
"혁명 후의 모든 임시적인 국가기구는 독재를, 그것도 정력적
인 독재를 요구한다. 처음부터 우리는 캄프하우젠(1848년 3월
18일 이후 내각의 수반)이 독재적으로 행동하지 않고 낡은 제
도의 잔재들을 그 즉시 분쇄하여 도려내지 않은 점을 질책해 왔
다. 그런데 캄프하우젠 씨가 입헌적 환상으로 해이해져 있던 동
안 분쇄된 파(즉, 반동파)는 관료와 군대 내에서 자신의 위치를
강화하고 심지어 이곳저곳에서 공개적인 투쟁을 감행하기 시작
하기까지 했다."[46]

메링이 정당하게 말하고 있듯이 『신라인신문』이 캄프하우젠
내각에 관한 장황한 논설을 통해 자세하게 전개했던 내용이 이
말들 속에 몇몇 명제들로 요약되어 있다. 맑스의 이러한 말들은
우리에게 무엇을 말해 주는가? 임시혁명정부는 독재적으로 행
동해야만 한다(독재라는 슬로건을 피해 온 『불꽃』으로서는 아
무리 해도 이해할 수 없었던 명제)는 것이며, 이 독재의 임무는

낡은 제도의 잔재들을 절멸시키는 것(반혁명과의 투쟁에 관한 러시아사회민주주의노동자당 제3차 대회 결의안에는 명료하게 지적되어 있지만 우리가 위에서 보여 준 것처럼 협의회 결의안에는 빠져 있는 바로 그것)이라는 점이다. 마지막으로, 즉 세 번째로 이 말들을 통해 알 수 있는 것은 혁명과 공개적인 내전의 시대에 부르주아 민주주의자들이 "입헌적 환상"에 빠져 있음을 맑스가 힐난하고 있다는 점이다. 이 말들의 의미가 어떤 것인지는 1848년 6월 6일자 『신라인신문』의 논설에서 특히 명확하게 알 수 있다. 맑스는 다음과 같이 쓰고 있다. "제헌국민의회는 무엇보다도 행동적인, 혁명적으로 행동적인 의회이어야 한다. 프랑크푸르트 의회는 의회정치의 연습을 하고 있고, 행동은 정부들이 취하게 하고 있다. 설령 이 박학한 공회의公會議가 무르익을 대로 무르익은 심사숙고 끝에 최선의 의사일정과 최선의 헌법을 고안해 냈다고 하더라도 그 사이에 정부들이 의사일정에 총검을 들이댄다면, 최선의 의사일정과 최선의 헌법을 어디다 쓸 것인가?"[47]

바로 이것이 독재라는 슬로건의 의미다. 우리는 이로부터 "제헌의회를 조직한다는 결정"을 결정적인 승리라고 부르고, 아니면 "극히 혁명적인 반대파의 당으로 남으라"라고 요청하는 결의안들에 대해 맑스가 어떤 태도를 취할 것인지를 알 수 있는 것이다!

인민 생활의 거대한 문제들은 오직 힘에 의해서만 해결된다. 가장 반동적인 계급들이 통상 제일 먼저 폭력에, 그리고 내전에 의지하여 "의사일정에 총검을 들이대는데", 이는 러시아 전제 정부가 1월 9일을 시점으로 도처에서 체계적이고도 확고부동하게 행했고 또 계속 행하고 있는 것과 같은 것이다. 그런데 이 같은 상황이 만들어지고 나면, 총검이 진정으로 정치적 의사일정의 선두에 서게 되면, 봉기가 필요하고 절박하게 되면, 그때 입헌적 환상과 의회주의라는 학교 숙제는 부르주아가 혁명을 배반하는 것을 은폐하는 것, 즉 부르주아지가 혁명에서 "물러서는" 것을 은폐하는 것에 불과해진다. 진정으로 혁명적인 계급이 그때 내세워야만 하는 것이 바로 독재라는 슬로건이다.

이러한 독재의 과제들이라는 문제에 관하여 맑스는 또다시 『신라인신문』에 다음과 같이 쓴 바 있다. "국민의회는 노후한 정부들의 반혁명적 책동들에 대해서 독재자로 맞서기만 하면 되었다. 그랬으면 국민의회는 모든 총검과 곤봉을 분쇄하는 힘을 인민의 여론 속에서 거머쥐었을 것이다. …… 국민의회는 독일 인민을 열중되게 하거나 그렇지 않으면 그들에게 열중하지 않고 그들을 지루하게 만들고 있다."[48] 맑스의 견해에 따르면 국민의회는 "독일의 실제의 현존 상태에서 인민주권의 원리에 저촉되는 모든 것을 제거하는 것이어야" 했으며, 그 다음에는 "국민의회가 서 있는 혁명적 기반을 고수하고 혁명의 획득물인 인민주권을 모든 공격으로부터 보호하기 위해 필요한 방책들을 취해야"[49] 했다.

따라서 맑스가 1848년에 혁명정부 혹은 독재에 대해 제기했던 과제들은 그 내용상 무엇보다 먼저 **민주주의 변혁**, 즉 반혁명에 대한 방어와 인민주권과 모순되는 모든 것의 사실상의 제거로 귀결되었다. 이것이야말로 바로 혁명적 민주주의 독재다.

이제 더 나아가 보자. 맑스의 견해에 따르면 어떤 계급들이 이러한 과제(인민주권이라는 원칙을 실제로 끝까지 실행하고 반혁명의 공격을 격퇴하는 것)를 실현할 수 있었으며 또 실현했어야 되는가? 맑스는 "인민"을 말한다. 그러나 우리는 맑스가 "인민"의 단결에 관한, 그리고 인민 내부에서의 계급투쟁의 부재에 관한 소부르주아적 환상에 맞서 언제나 가차 없이 투쟁했다는 사실을 알고 있다. "인민"이라는 단어를 사용하면서, 맑스는 이 단어로써 계급들의 차이를 감춘 것이 아니라 혁명을 끝까지 이끌고 갈 수 있는 특정한 분자들을 연합시켰던 것이다.

3월 18일에 베를린의 프롤레타리아트가 승리한 이후 혁명의 결과는 다음과 같이 이중으로 나타났다고 『신라인신문』은 썼다. "한편으로는, 인민의 무장, 결사의 권리, 사실상 쟁취된 인민의 주권, 다른 한편으로는 군주제의 유지와 캄프하우젠-한제만 내각, 즉 대부르주아지 대표들의 정부. 이처럼 혁명은 두 가지 종류의 결과를 가져왔는데, 그 결과들은 필연적으로 어긋나게 되어 있었다. 인민은 승리했고, 명백히 민주주의적인 성격의 자유를 쟁취했다. 하지만 직접적인 지배권은 인민의 손으로 옮겨 가지 않고 대부르주아지의 손으로 옮겨 갔다. 한마디로, 혁명은 완수되지 않았다. 인민은 대부르주아지의 내각이 구성되는 것을 그대로 두었으며, 대부르주아지는 그 즉시 구프로이센의 귀족과 관료에게 동맹을 제안함으로써 자신들의 지향을 증명했다. 아르님, 카니츠, 쉬베린이 입각했다.

처음부터 반혁명적인 대부르주아지는 인민에 대한, 즉 노동자들과 민주주의적 부르주아지에 대한 두려움 때문에 반동과 공수 동맹을 맺었다."[49] (강조는 우리가 한 것임.)

결국, "제헌의회를 조직한다는 결정"뿐만 아니라 제헌의회의 실제적인 소집조차도 혁명의 결정적인 승리를 위해서는 충분치 않은 것이다! 심지어 무장투쟁에서 부분적으로 승리한 (1848년 3월 18일 베를린의 노동자들이 군대에 승리한) 이후라 해도 "미완성의" 혁명, "끝까지 이르지 못한" 혁명이 있을 수 있다. 그렇다면 혁명을 끝까지 이끌고 가는 것은 무엇에 달려 있는가? 그것은 누구의 손에 직접적인 지배권이 옮겨 가는가에, 즉 뻬뜨룬께비치와 로지체프 같은 사람들, 아니 그러니까 캄프하우젠과 한제만 같은 사람들의 손으로 옮겨 가느냐, 아니면 인민, 즉 노동자들과 민주주의적 부르주아지의 손으로 옮겨 가느냐에 달려 있다. 첫째 경우라면, 부르주아지는 권력을 갖고 프롤레타리아트는 "비판의 자유", "극히 혁명적인 반대파의 당으로 남을" 자유를 갖게 될 것이다. 부르주아지는 승리하자마자 반동과 동맹을 맺을 것이다. (예를 들어 뻬쩨르부르크의 노동자들이 군대와 가두 전투를 벌여 겨우 부분적인 승리를 거두고 나서 정부 구성을 뻬뜨룬께비치 씨와 그 일당들에게 맡긴다면, 러시아에서도 필연적으로 이런 일이 일어날 것이다.) 둘째 경우라면, 혁명적 민주주의 독재, 즉 혁명의 완전한 승리가 가능할 것이다.

맑스가 대부르주아지에 대립하는 것으로서 노동자들과 함께 인민이라고 부른 "민주주의적 부르주아지(demokratische Bürgerschaft)"라는 말을 그가 본래 어떻게 이해했는지를 더 정확하게 규정하는 문제가 남아 있다.

이 문제에 대한 명료한 답은 『신라인신문』 1848년 7월 29일 자 논설의 다음 부분에 제공되고 있다. "…… 1848년의 독일 혁명은 그저 1789년의 프랑스혁명의 흉내 내기일 뿐이다.

바스띠유 습격이 있은 지 3주 후인 1789년 8월 4일, 프랑스 인민은 단 하루 만에 봉건적 부담들을 끝장내게 되었다.

3월의 바리케이드 전투가 있은 지 네 달 후인 1848년 7월 11일에 봉건적 부담들은 독일 인민들을 끝장내게 된다. Teste Gierke cum Hansemanno.*

1789년의 프랑스 부르주아지는 자신들의 동맹자인 농민들을 한시도 내버려 두지 않았다. 프랑스 부르주아지는 농촌에서 봉건제를 파괴하는 것, 토지를 소유하는(grundbesitzenden) 자유로운 농민 계급을 창출하는 것이 자신들 지배의 기초임을 알고 있었다.

1848년의 독일 부르주아지는 이러한 농민들, 즉 자신들과 혈연관계가 있는 가장 자연적인 동맹자이기도 하며 또한 귀족에 대항하여 스스로 무력하지 않으려면 필요할 수밖에 없는 농민들을 조금도 주저하지 않고 배반한다.

(기만적인) 상각償却이라는 형태 속에서의 봉건적 권리들의

---

* "한제만 씨와 함께 기르케 씨가 증인이다." 한제만은 대부르주아지 당의 장관(러시아로 보면 뜨루베쯔꼬이 혹은 로지체프 등등)이고 기르케는 한제만 내각의 농업장관이다. 그는 마치 "무상으로" "봉건적 의무를 절멸하기라도" 할 듯한 "대담한" 구상을 작성했지만, 실제로 이는 사소하고 별로 중요하지 않은 것들을 절멸하고 더 본질적인 의무들은 유지하거나 도로 사들이는 것이었다. 기르케 씨는 러시아의 까블루꼬프, 마누일로프, 게르젠슈쩨인 일파와 비슷한 부류이며, "농민의 토지 소유를 확대"하기를 바라지만 지주들을 무례하게 대하는 것은 바라지 않는 부르주아 자유주의적인 농민의 벗들 같은 인물이다.

173

온존과 재가, 따라서 이것이 1848년 독일 혁명의 결과다. 그것은 소리는 요란했으나 얻은 것은 별로 없는 소동이었다."[50]

이는 매우 교훈적인 지점으로서 우리에게 네 가지 중요한 명제를 제공한다. 1) 미완성의 독일 혁명은 부르주아지가 민주주의 일반뿐만 아니라 특히 농민도 배신했다는 점에서 완성된 프랑스혁명과는 다르다. 2) 자유로운 농민 계급의 창출이 민주주의 변혁의 완전한 실현을 위한 기초다. 3) 이러한 계급을 만들어 내는 것은 봉건적 부담을 절멸하고 봉건제를 파괴하는 것이지 아직은 결코 사회주의 변혁이 아니다. 4) 농민들은 부르주아지, 즉 민주주의적 부르주아지의 "자연적인" 동맹자이니, 그들이 없다면 반동에 맞선 부르주아지는 "무력하다."

구체적인 국민적 특수성을 적절히 바꾸고 봉건제의 자리에 농노제를 대치하면 이 모든 명제들은 1905년의 러시아에도 그대로 적용된다. 맑스가 조명한 독일의 경험에서 교훈을 얻는다면, 혁명의 결정적인 승리의 슬로건으로서 우리가 프롤레타리아트와 농민의 혁명적 민주주의 독재 외에 다른 어떤 것도 도출할 수 없음은 의심할 나위가 없다. 1848년에 맑스가 저항하는 반동과 배반적 부르주아지에 대립시켰던 그 "인민"의 주요 구성 부분이 프롤레타리아트와 농민임은 의심할 나위가 없다. 우리 러시아에서도 자유주의 부르주아지와 『해방』과 신사 양반들이 농민을 배반하고 있으며 또 배반할 것이라는 점, 즉 그들은 사이비 개혁에 그칠 것이며 지주와 농민의 결정적인 투쟁에서 지주 편에 설 것이라는 점은 의심할 나위가 없다. 프롤레타리아트만이 이 투쟁에서 끝까지 농민을 지지할 수 있다. 끝으로, 우리 러시아에서도 농민 투쟁의 성공, 즉 모든 토지가 농민에게 옮겨 가는 것이 완전한 민주주의 변혁를 의미할 것인데, 이는 끝까지 추진된 혁명의 사회적 발판이지 소부르주아지 이데올로 그인 사회주의자혁명가당 당원들이 말하듯 사회주의 변혁이나 "사회화"는 결코 아님은 의심할 나위가 없다. 농민 봉기의 성공과 민주주의혁명의 승리는 다만 민주주의 공화제의 기반 위에서 사회주의를 위한 실제적이고 결정적인 투쟁의 길을 닦는 것에 불과하다. 이 투쟁에서, 토지를 소유한 계급으로서 농민은 지금 민주주의를 위한 투쟁에서 부르주아지가 하고 있는 것과 같은 배신적이고 동요하는 역할을 할 것이다. 이 점을 잊는 것은 사회주의를 잊는 것을 의미하며, 프롤레타리아트의 진정한 이익과 임무에 관하여 자신과 다른 사람들을 기만하는 것이다.

맑스가 1848년에 가졌던 견해를 묘사하면서 허점을 남기지 않기 위해서는 당시 독일의 사회민주주의당(혹은 당시의 언어로 말하자면 프롤레타리아트의 공산주의당)과 오늘날 러시아의 사회민주주의당이 본질적으로 구별되는 한 가지 점을 지적할 필요가 있다. 메링의 말을 써 보겠다.

"『신라인신문』은 '민주주의의 기관지'로서 정치 무대에 등장했다. 이 신문의 모든 논설들에 일관된 점이 있음은 틀림없다. 그러나 이 신문이 직접적으로 옹호한 것은 부르주아지의 이해관계에 맞서는 프롤레타리아트의 이해관계라기보다는 절대주의와 봉건제에 맞서는 부르주아혁명의 이해관계였다. 비록이 신문과 함께 몰과 샤퍼의 편집으로 쾰른노동자동맹의 별도 기관지가 주 2회 발행되었다는 점을 잊어서는 안 되겠지만[51],

혁명기에 노동자운동을 특별히 다룬 자료들은 이 신문의 지면에서 거의 찾기 어려울 것이다. 어쨌거나 독일 노동자운동의 가장 능력 있는 활동가였던 슈테판 보른이 빠리와 브뤼셀에서 맑스와 엥겔스에게 가르침을 받은 바 있고 1848년에는 『신라인신문』의 특파원을 지냈음에도 불구하고 이 신문이 당시의 독일 노동자운동에 별반 관심을 기울이지 않았다는 사실은 오늘날의 독자에게는 눈에 띄는 점이다. 보른은 자신의 『회고록』에서 맑스와 엥겔스가 자신의 노동자 선동을 반대하는 말은 자신에게 한마디도 한 적이 없다고 이야기하고 있다. 하지만 이후에 엥겔스가 언명한 것을 보면 그들은 적어도 그러한 선동 방법에 불만이 있었다는 것을 미루어 추측할 수 있다. 그들의 불만이 정당하다면, 독일의 대부분에서 아직 전혀 성숙되어 있지 않은 프롤레타리아트의 계급의식에 보른이 많은 것을 양보하지 않을 수 없었고 이 양보는 『공산주의 선언』의 관점에서 보면 비판을 견디기 어려운 것들이었기 때문이다. 그들의 불만이 부당하다면, 보른이 그럼에도 자신이 지도한 선동을 비교적 높은 수준에서 유지할 능력이 있었기 때문이다……. 맑스와 엥겔스는 노동자 계급의 가장 중요한 이해관계가 무엇보다 먼저 부르주아혁명을 가능한 한 더 많이 밀고 나가는 것이라고 간파한 만큼, 그들이 역사적으로, 그리고 정치적으로 옳았다는 데는 의심의 여지가 없다……. 그럼에도 불구하고, 가장 천재적인 사상가들의 개념을 노동자운동의 기본적인 본능이 어떻게 바로잡을 수 있는지를 훌륭하게 증명하는 것이 1849년 4월에 그들이 고유한 노동자 조직을 지지하는 발언을 하고 특히 동엘베(동프로이센)의 프롤레타리아트가 준비한 노동자 대회에 참석하기로 결정했던 사실이다."[45]

그러니까, 혁명적 신문이 거의 일 년 정도 발행된 이후인 1849년 4월에(『신라인신문』은 1848년 6월 1일부터 발간되기 시작했다.) 와서야 겨우 맑스와 엥겔스는 특수한 노동자 조직을 지지하는 발언을 했다는 것이다! 그때까지 그들은 독자적인 노동자 당과는 그 어떤 조직적 고리로도 연결되지 않은 "민주주의의 기관지"를 발행했을 뿐이었다! 오늘날의 우리의 관점에서 볼 때 괴상망측하고 믿어지지 않는 이 사실이 우리에게 명료하게 보여 주는 바는 당시 독일의 사회민주주의 노동자 정당과 지금의 러시아사회민주주의노동자당이 얼마나 엄청나게 다른가 하는 것이다. 이 사실이 우리에게 보여 주는 바는 독일의 민주주의 혁명에서 (경제관계에서, 그리고 정치적으로 ─ 국가적 세분 상태 ─ 1848년 독일의 후진성 덕분에) 운동의 프롤레타리아적 성격과 그 내부의 프롤레타리아적 조류가 얼마나 적게 드러났던가 하는 것이다. 이 시기에, 그리고 그보다 좀 더 이후의 시기에 맑스가 프롤레타리아트의 당을 독자적으로 조직할 필요성에 관해 여러 차례 언명했던 사실을 평가할 때 이 점을 (예를 들어 쁠레하노프가 잊고 있는 것처럼) 잊어서는 안 된다. 거의 일 년 후에 맑스는 민주주의혁명의 경험을 통해서야 겨우 실제적으로 그런 결론을 내렸다. 당시 독일의 분위기 전체가 그만큼 속물적이고 그만큼 소부르주아적이었던 것이다. 우리에게 이 결론은 국제 사회민주주의당의 반세기에 걸친 경험의 확고하고 오랜 성과물이다. 우리는 이것으로부터 러시아사회민주주의노동자당을 조직하기 시작했다. 예를 들어, 우리 나라에서는 프롤레타리아트의 혁명적 신문들이 프롤레타리아트의 사회민주주의당 외부에 존재한다거나 그러한 신문들이 한순간이라도 그저 "민주주의의 기관지"로 등장한다는 것은 있을 수도 없는 일이다.

하지만 우리 나라에서는 우리 혁명의 민주주의적 흐름 속에 프롤레타리아적 조류가 더욱 위력 있게 등장하면 할수록, 맑스와 슈테판 보른 사이에서 겨우 드러나기 시작한 이러한 대립이 더욱더 발전된 형태로 존재하게 된다. 맑스와 엥겔스가 슈테판 보른의 선동을 불만스러워 했으리라 추측하면서, 메링은 지나치게 부드럽고 겸손하게 자신의 견해를 표현하고 있다. 여기 1885년에 엥겔스가 보른에 대해 쓴 글이 있다(『Enthülungen Über den Kommunistenprozeß zu Köln[쾰른 공산주의자 재판에 대한 폭로]』, Zürich, 1885[52]).

공산주의자동맹의 회원들은 도처에서 극단적인 민주주의 운동의 선두에 섰으며, 그렇게 함으로써 동맹이 혁명 활동의 탁월한 학교임을 증명하였다. "베를린에서는, 브뤼셀과 빠리에서 적극적인 동맹원으로서 활동했던 식자공 슈테판 보른이 '노동자 친목회(Arbeiterverbürderung)'를 설립했다. 이 단체는 상당히 넓게 세력을 넓히면서 1850년까지 존속하였다. 보른은 꽤 재능 있는 청년이기는 하였으나 정치 대가로 변신하려고 좀 조급히 서둘렀다. 그는 군중을 집결시키기만 하면 된다고 별의별 어중이떠중이(Kreti und Plethi)들과 '친목을 맺었다.' 그런데 그는 반대되는 경향들에 통일을 주며 혼돈에 광명을 줄 수 있는 사람은 결코 아니었다. 그러므로 이 단체의 공식적 출판물에서는,

『공산주의 당 선언』의 견해가 춘프트의 추억이나 희망, 루이 블랑이나 프루동의 쓰레기더미, 보호관세론자의 짓거리 등등과 난잡스럽게 뒤섞여져 있었다. 한마디로 말하면 팔방미인이 되려는 경향이 있었다(allen alles sein). 특히 친목회는 파업도 일으키고 노동조합, 생산 협동조합 등도 조직하고 있었으나 무엇보다 중요한 것은 정치적 승리에 의하여 유일하게 이런 것들이 지속적으로 실행될 수 있는 그러한 지반을 우선 쟁취해야 한다는 것을 망각하고 있었다.(강조는 우리가 한 것임.) 그러다가 반동이 승리한 결과 이 친목회의 지도자들이 혁명 투쟁에 직접 참가할 필요를 느끼게 되었을 때에는, 당연하게도 그들의 주위에 모여 있던 군중은 혼란을 일으키면서 그들을 저버리고 말았다. 보른은 1849년 5월 드레스덴 폭동에 참가하였는데 요행히 죽음은 면하였다. 그러나 프롤레타리아트의 위대한 정치 운동과 비교하면 '노동자친목회'는 순수한 분리 동맹임이 입증되었는데, 그것은 대부분 종이 위에서만 존재하는 것이었고 또 부차적인 역할밖에 하지 못하였기 때문에 반동도 1850년에야 비로소 그 폐쇄의 필요성을 인정하였고 아직도 계속 존재하고 있던 그 지부들에 대해서는 여러 해 후에야 겨우 폐쇄의 필요성을 발견하였다. 본명이 붓터밀히*인 보른은 정치 대가는 되지 못하고 더 이상 맑스를

---

* 엥겔스를 번역하면서, 초판에서 나는 붓터밀히라는 말을 고유명사가 아니라 보통명사라고 생각하는 실수를 범했다.[53] 물론, 이 실수는 멘셰비끼에게 대단한 만족감을 주었다. 꼴쪼프는 내가 "엥겔스를 심화했다"(저작집『2년간』에 재수록되어 있음)고 썼으며, 쁠레하노프도 지금『동지』에서 이 실수를 상기시키고 있는데,[54] 한마디로 1848년의 독일 노동자운동의 두 가지 경향, 즉 (우리의 "경제주의자들"과 흡사한) 보른의 경향과 맑스주의 경향이라는 문제를 얼버무릴 멋진 계기가 생긴 것이었다. 비록 보

춘프트 조합원의 독일어로 번역하는 것이 아니라 온건한 르낭을 자기의 독특한 달콤한 독일어로 번역하는 스위스의 평범한 대학 교수가 되고 말았다."[55]

민주주의혁명 시기 사회민주주의당의 두 가지 전술을 엥겔스는 바로 이렇게 평가했던 것이다!

우리의 신『불꽃』파도 자신들의 "개명"이 군주주의적 부르주아지가 찬양할 만한 가치가 있다는 터무니없는 열정을 가지고 "경제주의"로 기울어져 있기는 마찬가지다. 그들은 또한 자기 주위에 잡다한 대중을 끌어 모으고 "경제주의자들"에게 아첨하며 "자주 활동", "민주주의", "자율" 등의 슬로건들을 이용한 데마고기로 미성숙한 대중을 끌어들이고 있다. 그들의 노동조합 역시 홀레스따꼬프 식의 신『불꽃』의 지면에만 존재하는 경우가 빈번하다. 그들의 슬로건들과 결의안들은 "프롤레타리아트의 위대한 정치 운동"의 임무들에 대한 마찬가지의 몰이해를 드러내고 있다.

론의 이름에 관한 문제를 통해서라도 반대파의 실수를 이용한다는 것은 아주 자연스러운 일이다. 그러나 번역을 바로잡는 방식으로 두 가지 전술에 관한 문제의 핵심을 얼버무리는 것은 본질적으로 논쟁을 회피하는 것을 의미한다. (저자가 1907년판에 붙인 주.)

후 주

[1] 러일전쟁 중인 1905년 6월 14일(신력 27일)에 "뽀쫌낀 공"이라는 이름의 순양함의 선상에서 처우 개선을 요구하는 수병들의 반란이 시작되었다. 반란을 일으킨 순양함은 당시 총파업이 벌어지고 있던 오데싸에 도착했지만, 선원들과 오데싸 노동자들의 공동 행동은 이루어지지 못했다. 짜르 정부는 반란을 진압하기 위하여 흑해 함대 전체를 투입했으나, 함대의 선원들은 뽀쫌낀호에 사격하기를 거부했다. 뽀쫌낀호는 식량과 연료가 떨어지자 루마니아 해안으로 가서 투항하지 않을 수 없었다. 반란은 실패로 끝났지만, 대형 군함의 대원들이 혁명 진영으로 넘어온 것은 전제 정부에 맞선 투쟁에서 새로운 변화를 의미했다.

[2] 사회주의자혁명가당은 러시아의 다양한 인민주의 그룹들과 서클들의 통합으로 1901년 말에서 1902년 초 사이에 결성된 당이다. 이들은 혁명에서 노동자계급이 지도적 역할을 할 것이라는 것을 인정하지 않았으며, 농노제의 잔재에 맞선 농민들의 운동을 사회주의적인 것으로 간주했다. 이들의 농업 강령의 기초는 토지의 사회화 요구였는데, 그것은 토지를 전래의 러시아 농촌공동체(미르)의 관리 하에 두어 토지를 평등하게 이용하고 협동조합을 발전시키는 것을 전제했다. 또한 이들은 대중운동보다는 개인적 테러라는 수단에 의존했다.

사회주의자혁명가당은 1917년 2월 혁명 이후에는 부르주아지와 협력하는 것으로, 10월 혁명 이후에는 반동적 부르주아지 및 지주와 실질적으로 연합하는 것으로 나아갔다.

[3] 경제주의란 1900년대 초 러시아의 사회민주주의 운동에서 유행했던 하나의 사조이며, 주요한 주장은 정치투쟁은 부르주아들이 맡고 프롤레타리아는 공장에서의 경제투쟁을 맡아야 한다는 것이었다. 레닌의 저작 『무엇을 할 것인가?』는 이 조류에 대한 투쟁을 위한 것이다.

[4] 러시아사회민주주의노동자당 제3차 대회는 1905년 4월 12~27일(4월 25

일~5월 10일)에 런던에서 열렸다. 대회에 참석한 대의원은 볼셰비끼 38명이었다. 멘셰비끼는 대회에 참여하기를 거부하고 주네브에서 자신들의 협의회(후주 [5] 참조)를 소집했다.

대회는 러시아에서 전개되고 있던 부르주아 민주주의혁명의 모든 근본적인 문제들, 즉 무장봉기, 사회민주주의자들의 임시혁명정부 참여, 농민운동에 대한 태도에 관해 전술 노선을 확정했다.

또한 대회는 당의 규약을 재검토하여, 제2차 당대회 결정 사항인 두 개의 중앙(중앙위원회와 중앙기관지)과 그들의 활동을 협의하는 당 협의회를 폐지하고 단일한 당 지도 중앙인 중앙위원회를 두기로 정했다. 대회는『불꽃』이 멘셰비끼의 수중에 있고 기회주의적인 노선을 견지하고 있었던 사실을 고려하여 새로운 중앙기관지로『프롤레타리아』를 창간할 것을 중앙위원회에 위임했다.

[5] 주네브의 멘셰비끼 협의회는 러시아사회민주주의노동자당 제3차 대회(후주 [4] 참조)와 비슷한 시기에 개최되었다. 협의회에서는 당시의 정세에 관련한 결의안과 새로운 규약을 채택했다.

[6] 러시아사회민주주의노동자당은 1903년 제2차 당대회에서 강령을 확정했다. 닐 하딩 엮음, 이성혁 옮김,『러시아 맑스주의 1897~1906년의 주요문건』, 거름, 426~432쪽에 실려 있다.

[7] 1905년 2월 혁명이 일어난 직후에 짜르의 명령에 의해 내무대신 불리긴을 의장으로 특별 자문 회의가 만들어졌다. 이 위원회는 대지주와 귀족 대표들로 구성되었으며, 그 임무는 국가두마 소집에 관한 법을 마련하는 것이었다. 그 법에 따르면, 두마 선거를 위한 선거권은 지주, 자본가, 자영농, 도시의 유산 계층에게만 주어졌고, 국가두마는 법률 제정권을 갖지 못했으며 단지 짜르 산하의 자문 기구로서 몇몇 문제를 논의할 수 있을 뿐이었다.

[8] 입헌민주주의당은 1905년에 생긴 러시아의 반혁명적 자유주의 군주주의적 부르주아지의 대표적 당이다. 러시아어 약칭은 '까데트'이다. 입헌민주주의당은 입헌군주제를 요구하며 짜르 및 지주들과 권력을 나눠 갖고 혁명을 허용하지 않으려 노력했다.

[9] 프로이센과의 전쟁이 패배로 끝날 무렵인 1871년 3월 18일 빠리 프롤레타

리아트의 봉기 과정에서 역사상 최초로 수립된 노동자계급의 정부를 말한다. 노동자와 지식인들이 꼬뮌을 구성했으며, 그들 중에는 상당수의 저명한 국제 노동자운동 활동가들이 포함되어 있었다. 꼬뮌의 주요한 역사적 성과는 진정한 민주주의 원칙을 기반으로 한 새로운 유형의 국가를 창설했다는 점이었다. 꼬뮌은 광범위한 인민 계층의 물질적, 문화적 처우를 개선하기 위한 여러 조치들을 이행하였다. 빠리꼬뮌은 72일 동안 존속하다가 5월 28일에 프랑스 부르주아지의 반혁명 군대에 의해 참혹하게 진압되었다.

[10] 1905년 1월 9일(22일) 승려 가뽄이 주도하여 인민들이 짜르의 겨울궁전으로 향하는 시위운동이 있었는데, 이 평화적 시위는 군대의 발포로 천 명 가량의 사망자와 2천 명 이상의 부상자를 낳았다. "피의 일요일"이라 불리는 이날부터 러시아에서 1905년 혁명이 시작되었다.

[11] 1848년 혁명의 결과로 5월에 프랑크푸르트에서 독일의 헌법제정국민의회가 소집되었다. 자유주의 부르주아가 다수를 점하던 이 의회는 국왕 빌헬름 4세의 권력에 전적으로 도전하기를 주저하다가 제대로 활동을 못한 채 1849년에 군대에 의해 해산되었다.

[12] 1905년에 대지주와 대상인이 주도하여 매우 반동적인 폭력 단체인 러시아국민동맹, 천사장미하일동맹 등을 설립했다. 이 단체들은 룸펜프롤레타리아트, 소상인, 수공업자 출신의 사람들을 모아 정부의 지지를 받으며, 인민들의 해방운동을 탄압하고, 유태인을 박해하고, 혁명가들을 암살하는 따위의 일을 벌였다. 이들 극우 세력을 '검은 도당'이라 불렀다.

[13] 1890년대 러시아에는 맑스주의를 합법적인 출판물을 통해 보급하고자 하는 이들이 있었다. 러시아의 사회민주주의자들은 인민주의와 싸우기 위해 한때 이들과 협력했지만, 이들이 자본주의의 폐해에 대해서는 침묵하고 혁명을 부정하자 결별했다.

[14] 맑스는 1840년대 중반에 청년헤겔파와의 관계를 청산하면서 청년헤겔파 가운데 가장 진전된 견해를 보였던 포이어바흐에 대한 생각을 11가지 테제로 정리한 바 있다. 레닌이 인용한 테제는 그 가운데 마지막 테제다. 『칼 맑스 프리드리히 엥겔스 저작 선집』 제1권, 박종철출판사, 189쪽.

[15] 자유주의 부르주아지의 기관지인 『해방』을 중심으로 후에 입헌민주주의당을 이루게 된 정치 집단인 러시아해방연맹을 말한다.

[16] 흑토재분배는 1870~1880년대에 위로부터의 지주적 토지개혁에 반대하여 아래로부터의 농민적 토지개혁, 즉 모든 토지의 민주적 재분배를 요구한 러시아 농민운동의 슬로건이었다. 쁠레하노프가 주도한 같은 이름의 단체도 있었다.

[17] 맑스와 엥겔스의 다음과 같은 문장들을 변형한 것이다. "프롤레타리아들에게는 족쇄 말고는 공산주의혁명에서 잃을 것이 아무것도 없다. 그들에게는 얻어야 할 세계가 있다." 『공산주의 선언』, 박종철출판사, 58쪽.

[18] 러시아 작가 안똔 체호프의 동명 소설 속에 나오는 인물인데, 새로운 것을 두려워하고 다른 사람들과는 동떨어져 지내는 경직된 사람을 일컫는다.

[19] 자꼬뱅은 18세기 말 프랑스 부르주아혁명 당시 절대주의와 봉건주의를 단호히 철폐해야 한다고 주장했던 부르주아지 내의 혁명적 민주주의를 대변했던 세력이다. 빠리의 수공업자와 노동자계급의 지지를 받았다. 1793년 중반부터 1794년 중반까지 혁명정부를 이끌었는데, 이때 공안위원회와 혁명재판소를 강화하며 혁명적 독재를 실현했다. [21]의 지롱드파도 참조하라.

[20] 『칼 맑스 프리드리히 엥겔스 저작 선집』 제1권, 박종철출판사, 488쪽.

[21] 지롱드파는 18세기 말 프랑스혁명 당시 왕당파와 타협하는 길로 갔던 세력이다. 지롱드파는 입헌군주제에 대해 모호한 입장을 취했고, 혁명을 위한 비상조치를 취하기를 꺼렸고, 빠리 노동자들이 요구했던 경제정책을 실행하지 않았다. 그로 인해 자꼬뱅파(후주 [19] 참조)에게 혁명정부의 주도권을 빼앗겼다.

[22] 1905년 6월 6일(19일)에 지방의회의 대표단이 짜르 니꼴라이 2세를 알현했던 것을 말한다. 이 대표단은 짜르의 동의를 얻어 "쇄신된 국가 체제"를 확립하기 위해 인민 대표자들을 소집할 것을 요청하는 청원서를 짜르에게 제출하였다.

[23] 러시아사회민주주의노동자당 제2차 대회에 뽀뜨레쏘프(스따로베르)가

제출한 자유주의자들에 대한 태도에 관한 결의안을 말한다. 대회에서는 이와 나란히 쁠레하노프와 레닌의 결의안도 제출되었는데, 동수의 찬성 표를 얻어 모두 채택되었다. 그 후 제3차 당대회에서 스따로베르의 결의안은 폐기되었다.

[24] 일본 쓰시마 섬 근처에서의 해전은 1905년 5월 14일(27일)과 15일(28일)에 벌어졌다. 러시아는 이 전투에서 패배했고, 한 달 후에 뽀쫌낀호의 병사들이 반란을 일으켰다. 인민들의 요구를 외면하던 짜르는 이로 인해 압력을 느낄 수밖에 없었다. 레닌의 『민주주의혁명 시기 사회민주주의당의 두 가지 전술』이 발표되고 나서 실제로 불리긴위원회(후주 [7] 참조)의 결정에 따라 '국민의회' 선출과 관련된 칙령이 발표되었다.

[25] 이 다음의 몇몇 곳에서 〈 〉을 표시한 부분은 레닌이 수고에 썼다가 스스로 지워 인쇄되지 않은 것들이다.

[26] 1895년 10월 6일부터 12일까지 브레슬라우에서 열린 독일사회민주주의당 당대회에서 농업 강령 초안을 논의하면서, 그 초안이 프롤레타리아트의 당을 "전 인민의" 당으로 변모시키려는 경향이 있다는 이유로 부결되었는데, 베벨은 그 초안을 지지했고 카우츠키는 반대했다.

[27] 1901년과 1902년의 러시아 사회민주주의 운동의 '경제주의'와 '테러주의'와 관련된 레닌의 이 설명은 『무엇을 할 것인가?』 제3장 제4절에 상세히 설명되어 있다.

[28] 레닌은 맑스가 1843년에 쓴 「헤겔 법철학 비판. 서설」에 나오는 "비판의 무기는 물론 무기의 비판을 대신할 수 없다."라는 구절을 염두에 두고 있다.

[29] 러시아의 민화 '바보 이반'의 주인공 이반의 이야기를 가리킨다.

[30] "일시적"이라 옮긴 러시아어 단어 эпизодический는 당시에 외래어에서 왔으며 학술 용어로 사용되던 것(영어 'episodic'에 해당)이었고, "임시적"이라 옮긴 러시아어 단어 временный는 앞의 단어와 의미의 차이는 크게 없지만 일상의 구어로 사용되던 것이었다.

[31] 레닌이 말하고 있는 것은 빠리꼬뮌을 주도한 블랑끼주의자들의 런던 그룹이 꼬뮌을 신성화하며 1874년에 출판한 강령과 이를 비판한 엥겔스의 「블랑끼주의 꼬뮌 망명자들의 강령」(『칼 맑스 프리드리히 엥겔스 저작

선집』제4권, 박종철출판사, 315~323쪽)이다.

[32] 독일사회민주주의당의 에어푸르트 강령은 1891년 10월 에어푸르트 대회에서 채택되었다. 그 강령은 1875년의 고타 강령과 비교하여 진전된 내용을 담고 있었다. 그 강령은 자본주의적 생산수단의 특성을 정리하고 생산수단에 대한 사적 소유가 사회주의적 소유로 합법칙적으로 전화함을 입증했다. 또한 프롤레타리아트의 정치권력 장악이라는 과제를 제기했고 혁명 투쟁에서 당의 지도적 역할이 갖는 중요성을 지적했다. 그러나 이 강령에는 사회의 사회주의적 개혁의 도구로서의 프롤레타리아 독재에 관한 명제가 없었으며 민주주의 공화제라는 요구도 들어 있지 않았다. 엥겔스는 강령 초안을 비판했지만, 그의 지적은 강령의 최종 문안을 작성하는 과정에서 존중되지 않았다.『칼 맑스 프리드리히 엥겔스 저작 선집』제6권, 박종철출판사, 337~354쪽.

[33] 아래의 주는 레닌이 이 저작을 쓰던 도중에 별지에 적어 놓은 메모다. 이 책의 초판이나 1907년에 나온 저작집『12년간』에도 이 주는 들어 있지 않았으며, 1926년의『레닌 저작집』제5권에 처음으로 실렸다. 레닌은 그 별지의 메모에 "10장에 넣을 것"이라고 적어 놓았고, 그 의도를 살려 여기에 수록한다.

[34] 『프롤레타리아』제3호에는 레닌의 글「임시혁명정부에 관하여」가 실려 있다. 레닌은 그 글에서 바꾸닌주의자들의 결의안을 비판하고 있는 엥겔스의『바꾸닌주의자들의 활동상. 1873년 여름 에스빠냐 봉기에 관한 각서』(『칼 맑스 프리드리히 엥겔스 저작 선집』제4권, 박종철출판사, 281~304쪽)의 일부를 인용했다.

[35] '신조'라는 뜻의 *Credo*는 1898년 11월 국외러시아사회민주주의자동맹 제1차 대회에서 노동해방그룹의 고참 지도자들을 투표로 몰아낸 "소장파"의 지도자인 꾸스꼬바가 1899년 초에 쓴 글이다. 이 글은 "최소 저항 노선"을 따라 노동자계급은 경제투쟁만 해야 하는 반면에 "자유주의적인 반대자들"은 맑스주의자들의 참여 아래 합법적 제도를 얻기 위해 싸워야 한다고 주장했다. 닐 하딩 엮음, 이성혁 옮김,『러시아 맑스주의. 1897~1906년의 주요문건』, 거름, 372~376쪽에 실려 있다.

[36] 짜르 체제의 패배로 끝난 1904~1905년의 러일전쟁을 말한다.

[37] 밀레랑은 사회주의자로서 처음으로 1899년부터 부르주아 내각에 참여하여, 빠리꼬뮌을 진압한 갈리페와 같은 정부에 있었다. 한편 프랑스 노동자운동의 활동가이며 제1인터내셔널의 활동가인 루이 으젠 바를랭은 1871년에 빠리꼬뮌의 평의회에 참여했다.

[38] 1870년대의 러시아 농민들의 주요한 요구이며, 1876년에 같은 이름인 '토지와 자유'라는 인민주의자 단체도 만들어졌다. 이 단체는 후에 '인민의 의지'와 '흑토재분배'(후주 [16] 참조)로 분열된다.

[39] 맑스가 1850년에 연재물로 썼고 나중에 『1848년부터 1850년까지 프랑스에서의 계급투쟁』이라는 제목으로 묶인 글에 나오는 대목이다. 『칼 맑스 프리드리히 엥겔스 저작 선집』 제2권, 박종철출판사, 88쪽.

[40] 18세기 말 프랑스혁명 당시에 급진파인 자꼬뱅(후주 [19] 참조)과 온건파인 지롱드(후주 [21] 참조) 사이에서 우왕좌왕하던 세력을 "늪파" 또는 "평원파"라고 불렀는데, 레닌은 『무엇을 할 것인가?』 제1장 제1절에서 1901년 당시 러시아에서 "비판의 자유"를 주장하던 세력을 그에 빗대어 "늪파"라 불렀다.

[41] 1868년에 독일의 진보당의 활동가인 히르쉬와 둥커는 개량주의적인 노동조합 조직, 일명 히르쉬-둥커연맹을 조직했다. 두 사람은 노동과 자본의 "조화"라는 사상을 설파하였으며, 파업을 통한 투쟁을 부정했고, 노동조합의 주요 임무가 노동자와 기업가 사이의 중재와 노동자들을 위한 기금 모금이라고 생각했다. 1933년 5월까지 존속했던 히르쉬-둥커연맹은, 부르주아지의 노력과 정부 기관의 지지에도 불구하고 독일의 노동자운동에서 큰 비중을 차지하지 못했다.

[42] 엥겔스의 글 「바꾸닌주의자들의 활동상. 1873년 여름 에스빠냐 봉기에 관한 각서」(『칼 맑스 프리드리히 엥겔스 저작 선집』 제4권, 박종철출판사, 281~304쪽)는 레닌의 편집 아래 러시아어로 번역되었고 주네브에서 러시아사회민주주의노동당 중앙위원회가 출판하여 1905년에 단행본으로 나왔다. 그 후 1906년에 뻬쩨르부르끄에서 『프롤레타리아트』 출판사에 의해 다시 번역되었다.

레닌이 언급한 『공산주의자동맹 지도부의 호소』는 「동맹에 보내는 중앙위원회의 1850년 3월의 호소」(『저작 선집』 제2권, 115~126쪽)를 가리킨다. 이 글은 1848년의 혁명이 실패로 끝난 뒤인 1850년 초에 맑스와 엥겔스가 쓴 것인데, 러시아어로는, 1906년에 맑스의 소책자『쾰른 공산주의자 재판』(『저작 선집』 제2권 394~401쪽)의 부록으로 공개되었다.

[43] 이에 대해서는 레닌의『무엇을 할 것인가?』의 제3장 제2절을 보라.

[44] 안효상 옮김,『프랑스 내전』, 박종철출판사, 62쪽.

[45] 레닌이 인용하고 있는 것은『칼 맑스, 프리드리히 엥겔스, 페르디난트 라쌀레의 문학적 유산으로부터』제3권에 붙인 메링의 서문이다.

[46] 맑스가 1848년에「위기와 반혁명」이라는 제목으로 쓴 글 가운데 일부가『신라인신문』에「위기」라는 제목으로 실렸는데, 레닌이 인용하는 것도 그것 가운데 한 구절이다.

[47] 레닌이 인용하고 있는 것은 맑스와 엥겔스가 공동으로 집필한「프랑크푸르트 급진 민주당의 강령과 좌파의 강령」이라는 글의 일부다. 레닌이 이 글의 필자를 '맑스'만으로 언급하는 것은 착각인 듯하다.『칼 맑스 프리드리히 엥겔스 저작 선집』제1권, 박종철출판사, 459쪽.

[48] 「프랑크푸르트 급진 민주당의 강령과 좌파의 강령」,『저작 선집』제1권, 460쪽.

[49] 레닌이 인용하고 있는 것은 6월 1일의『신라인신문』에 실린 엥겔스의「프랑크푸르트 의회」라는 기사의 한 구절(『저작 선집』제1권, 453쪽)이다. 여기서도 필자를 맑스라고 말하는 것은 레닌의 착오인 듯하다.

[50] 레닌이 인용하고 있는 것은 맑스가 1848년 7월에 쓴「봉건적 부담들의 폐지에 관한 법률 초안」이라는 글의 일부다.『저작 선집』제1권, 478~479쪽.

[51] 쾰른노동자동맹의 기관지는『쾰른노동자동맹 신문(Zeitung des Arbeiter-Vereines zu Köln)』이라는 제호 아래 "자유, 형제애, 노동"이라는 부제를 달고 1848년 4월부터 10월까지 발행되었다. 이 기관지의 발행이 중단된 후 쾰른노동자동맹은 10월 26일부터 "자유, 형제애, 노동"이라는 제호로 신문을 복간했다.

[52] 1852년 말에 공산주의자동맹의 회원들이 체포되어 쾰른에서 재판을 받게 되었는데, 이는 수사 당국의 날조된 증거에 의한 것이었다. 엥겔스는 그 재판의 조작을 폭로하는 글「쾰른 공산주의자 재판」(『칼 맑스 프리

드리히 엥겔스 저작 선집』 제2권, 박종철출판사, 394~401쪽)을 그 즉시 썼는데, 1885년에 몇 개의 글을 덧붙여 『쾰른 공산주의자 재판에 대한 폭로』라는 책으로 출판했다.

공산주의자동맹은 1847년 여름에 런던에서 혁명적 프롤레타리아 조직들의 대표자 대회를 통해 결성되었다. 맑스와 엥겔스는 이 동맹에서 주도적인 역할을 했는데, 특히 1847년 말에서 1848년 초에는 동맹의 강령인 『공산주의 당 선언』(훗날 저자들은 『공산주의 선언』이라 불렀다)을 집필했다. 동맹은 많은 회원이 체포된 1852년까지 존속했으며, 동맹의 주요 활동가들은 후에 국제노동자협회(제1인터내셔널)에서도 지도적 역할을 수행했다.

[53] 붓터밀히Buttermilch라는 독일어를 그대로 번역하면 '신 우유'라는 뜻이다.

[54] 1907년 9월 26일(10월 9일), 『동지』 제381호에 게재된 쁠레하노프의 「이것이 가능한 일인가?」라는 논설을 말한다.

[55] 레닌이 언급하고 있는 엥겔스의 글은 「공산주의자 동맹의 역사에 관하여」인데, 『쾰른 공산주의자 재판에 대한 폭로』에 엥겔스가 덧붙인 것이다. 『칼 맑스 프리드리히 엥겔스 저작 선집』 제6권, 박종철출판사, 229~230쪽.

인물 해설

가뽄 (1870~1906) — 러시아의 성직자, 짜르 비밀경찰의 요원. 1905년 1월 9
　일, 짜르에 청원서를 올리기 위해 행진을 벌이다가 노동자들이 사살되
　는 결과를 가져온 뻬쩨르부르크 노동자 행진을 주도했다. 노동자들에게
　피살되었다.

게르쩬슈쩨인 (1859~1906) — 러시아의 부르주아 경제학자, 모스크바농업학
　교 교수. 입헌민주의당 지도자의 한 사람, 제1대 국가두마 의원.

그레제스꿀 (1864~?) — 러시아의 법률가이자 정치 평론가, 교수. 입헌민주
　주의당 당원이며, 제1대 국가두마 의원.

기르케 (?~?) — 독일의 자유주의 정치가. 한제만 정부에서 농업장관(1848)
　과 국민의회 의원을 지냈다.

까블루꼬프 (1849~1919) — 러시아의 인민주의적 경향의 경제학자이자 통계
　학자. 모스크바대학 교수. 소농민 경제의 "부동성"이라는 사상을 옹호
　했으며, 계급 화해를 설파하며 맑스주의에 반대했다.

꼴쪼프 (1863~1920) — 러시아의 인민주의자로서 활동을 시작하다 사회민
　주주의 진영으로 옮겨 간 혁명가. 러시아사회민주주의노동자당 제2차
　대회에서 멘셰비끼『불꽃』파에 속했으며, 대회 이후에는 멘셰비끼의 출
　판물『사회민주주의자』에 협력했다. 1905~1907년 혁명기에는 뻬쩨르
　부르크의 노동조합운동에 참여했다.

끄리쳅스끼 (1866~1919) — 러시아 최초의 사회민주주의자의 한 사람. 1890
　년대 초 망명하여 노동해방그룹에 참여했고, 1890년대 말 '경제주의'
　입장에 의거하여 국외러시아사회민주주의자동맹의 주도권을 장악하고
　는 그 기관지『노동자의 대의』의 편집자가 되었다.

나제주진 (1877~1905) — 러시아의 1890년대 인민주의자. 후에 사회민주주
　의자가 되어 '경제주의'를 지지했으며 테러를 설교했다.

니꼴라이 2세 (1868~1918) — 러시아의 마지막 황제. 1895~1917년 재위.
　1905년 초에 인민들이 청원을 위해 벌인 시위를 무자비하게 진압했다.

둥커 (1822~1888) — 독일의 언론인, 출판인, 진보당 당원. 1868년에 히르쉬

와 함께 히르쉬-둥커연맹을 창립했다.

뚜라띠 (1857~1932) — 이딸리아 노동자운동가이자 이딸리아사회주의당 창건자의 한 사람. 프롤레타리아트와 부르주아지의 계급협력 정책을 수행했다.

뜨로쯔끼 (1879~1940) — 러시아의 혁명가. 러시아사회민주주의노동자당 제2차 대회에서 멘셰비끼『불꽃』파에 속했으며 대회 이후 멘셰비끼가 되었다. 1917년 혁명 시기에는 볼셰비끼에 가담했고, 스딸린이 등장한 후에는 숙청되어 해외에서 망명 생활을 하다 암살되었다.

뜨루베쯔꼬이 (1862~1905) — 러시아의 공후이자 관념론적 종교 철학자, 정치 평론가. 1905년에 모스크바대학의 초대 총장으로 선출되었으며, 학생들이 혁명 활동을 벌이는 것을 우려하여 대학 폐쇄에 동의했다. 정치적으로는 입헌군주제의 지지자였다.

띠에르 (1797~1877) — 프랑스의 부르주아 정치가, 역사학자. 수상(1836~1840년)과 공화국 대통령(1871~1873년)을 지냈으며 빠리꼬뮌의 진압을 지휘했다.

레오 13세 (1810~1903) — 1878년에 선출된 로마 교황. 사회주의 사상과 노동자운동에 맞선 투쟁을 벌여, 계급투쟁을 포기하고 교권주의 노동자 조직을 만들 것을 호소했다.

로지체프 (1856~?) — 러시아의 지방의원, 법률가. 입헌민주주의당 중앙위원회 위원. 국가두마 의원을 지냈다.

르낭 (1823~1892) — 프랑스의 학자, 종교 역사학자, 관념론 철학자, 프랑스 아카데미 회원. 초기 기독교 전파에 관한 연구로 유명해졌다.

마누일로프 (1861~1929) — 러시아의 경제학자이자 교수, 모스크바대학 학장. 1890년대에는 자유주의적 인민주의자였으며, 그 후 입헌민주주의당 중앙위원회 위원이 되었다. 그의 농업 개혁안(1905년)이 입헌민주주의당의 농업 강령의 근간을 이루었다.

마르또프 (1873~1923) — 러시아의 사회민주주의자. 노동자계급해방투쟁동맹을 조직했으며『불꽃』의 편집국원이었으며, 러시아사회민주주의노동자당 제2차 대회에서는 소수파를 대표했다. 10월 혁명 후에는 소비에트 권력에 반대하는 진영으로 옮겨갔다.

마르띠노프 (1865~1935) — 러시아의 대표적인 "경제주의" 이론가. 1880년
대 말에는 '인민의 의지'에 속했다가 시베리아 유형 중에 사회민주주
의자가 되었고 국외러시아사회민주주의자동맹의 기관지『노동자의 대
의』의 편집국원이 되었다.

맑스 (1818~1883) — 독일의 철학자이자 혁명가.

메링 (1846~1919) — 독일사회민주주의당의 이론가이자 역사학자, 사회 평
론가, 문헌학자.

몰 (1812~1849) — 독일의 시계 제조공, 의인동맹의 지도자, 공산주의자동
맹 중앙위원회 위원. 1849년 바덴-팔츠 봉기 참가자. 무르그 전투에서
전사했다.

밀레랑 (1859~1943) — 프랑스의 정치가. 초기에는 사회주의자였으며, 사회
주의자로서는 최초로 부르주아 내각에 입각했는데(1899~ 1902년), 그
내각의 국방상은 빠리꼬뮌의 학살자인 갈리페 장군이었다. 1904년에 프
랑스사회주의당에서 제명되어 독립사회당을 결성했고, 1920~1924년에
대통령으로 재임했다.

바를랭 (1839~1871) — 프랑스의 혁명가. 빠리꼬뮌의 탁월한 활동가였으며
좌익 프루동주의자이고, 한때는 바꾸닌주의자들과 가까웠다. 제책공 출
신으로 제1 인터내셔널 프랑스 지부의 지도자의 한 사람이었다. 1871년
에는 국민근위대 중앙위원회 위원, 빠리꼬뮌 기간 중에는 꼬뮌 평의회
의원으로 좌익 소수파에 가담하여 바리케이드전을 벌였으나, 잡혀 총살
당했다.

베른슈타인 (1850~1932) — 독일의 사회민주주의자. 1880년 12월에 맑스와
엥겔스를 알게 되었고 독일 사회민주주의 운동을 이끌었다. 1896년 이
후로 이전의 이론과 다른 수정주의 이론을 폈다.

베벨 (1840~1913) — 독일사회민주주의당과 제2인터내셔널의 창립자의 한
사람.

보른(본명은 붓터밀히) (1824~1898년) — 식자공 출신으로 독일 노동자운
동 내 개량주의적 경향의 대표자의 한 사람. 처음에는 공산주의자동맹
의 일원이었는데 후에 개량주의적 '노동자친목회'의 조직자가 되었다
(1848년). 드레스덴 봉기(1849년 5월)에 참여했으며, 1848~1849년 혁

명 이후 노동자운동을 그만두었다.

불리긴 (1851~1919년) — 제정 러시아의 정치가이자 대지주. 내무대신을 지냈고(1905년 1~10월) 자문 기구 소집을 준비하는 일을 책임졌다.

브렌타노 (1844~1931) — 독일의 경제학자이자 자유주의 부르주아 학설가. 프롤레타리아트의 혁명적 계급투쟁을 부정하고, 자본주의 틀 내에서 공장 입법과 개량주의적 노동조합의 노동자 조직화를 통해 사회적 모순을 해결하는 것이 가능하다고 설파했다.

블랑 (1811~1882) — 프랑스의 소부르주아적 사회주의자이자 역사가. 1848년 임시정부의 각료. 프롤레타리아혁명의 반대자로서 부르주아지와 협력한다는 입장을 취했다.

블랑끼 (1805~1881) — 프랑스의 혁명가이자 유토피아 공산주의의 대표자. 자본주의적 착취가 소수의 혁명적 음모가들의 권력 장악으로도 폐지될 수 있다고 생각하여, 프롤레타리아트의 계급투쟁과 대중적 노동자운동에 의지하는 노동자 정당의 필요성을 부정했다.

비스마르크 (1815~1898) — 프로이센과 독일의 정치가. 독일 제국의 재상을 지냈으며 후에 수상이 되었다.

뻬뜨룬께비치 (1843~1928) — 러시아의 지방의회 정치가, 지주, 법률가. 해방연맹의 조직자였으며(1904년) 입헌민주주의당 중앙위원회 위원장(1909~1915년)이었다. 제1대 국가두마 의원이었다.

뽀뜨레쏘프(일명 스따로베르) (1869~1934) — 러시아의 사회민주주의자. 『불꽃』과 『새벽』의 창간에 참여했다. 러시아사회민주주의노동자당 제2차 대회에서 멘셰비끼『불꽃』파에 속했으며, 대회가 끝난 후에는 멘셰비끼 지도자의 한 사람이 되었다. 10월 혁명 이후 망명하여 해외에서 소비에트 러시아를 비난하였다.

쁘로꼬뽀비치 (1871~1955) — 러시아의 부르주아 경제학자이자 정치 평론가. 대표적인 '경제주의자'였으며 러시아에서 적극적으로 베른슈타인주의를 설파한 인물의 한 사람이다. 1905~1907년 혁명기에 자유주의적 군주주의 해방연맹의 활동가이자 입헌민주주의당 중앙위원회의 위원, 친親까데트적인 잡지 『무제』의 편집자로 활동했다. 반反소비에트 활동을 한 혐의로 1922년에 국외로 추방되었다.

쁠레하노프 (1856~1918) — 러시아 최초의 맑스주의 선전가이자 이론가. 러시아 노동자운동과 국제 노동자운동 활동가로서 1883년에 최초의 러시아 맑스주의 조직인 노동해방그룹을 결성했다. 1883년부터 1903년에 걸쳐 집필한 저술들, 즉 「우리의 견해차」, 「일원론적 역사관의 발전에 관하여」 등등이 러시아 사회민주주의자들에게 널리 읽혔다.

샤퍼 (1812~1870) — 독일의 식자공, 의인동맹의 지도자, 공산주의자동맹 중앙위원회 위원. 1848~1849년 혁명 가담자. 1850년 공산주의자동맹이 분열할 때에 빌리히와 함께 맑스에 반대한 소부르주아적 분파의 지도자. 1856년 다시 맑스, 엥겔스와 가까워져 생을 마칠 때까지 그들의 전우로 남았다. 1865년 이후 국제노동자협회 총평의회 의원이었다.

쉬베린 (1804~1872) — 프로이센의 정치가, 반동적 귀족과 관료의 대변자. 1848년 혁명 당시 캄프하우젠 내각의 문화장관, 교육장관, 보건장관 등을 지냈으며 프랑크푸르트 국민의회 의원으로서 극단적 우익에 가담했다.

시뽀프 (1851~1920) — 러시아의 온건 자유주의 정치인. 1905년 혁명기에 혁명의 폭을 제한하려 애쓰면서 지방의회에게는 짜르 정부에게서 몇몇 양보를 얻어내자고 제안함과 동시에 짜르에게는 자문 기능의 대의 기구를 만들자고 제안했다.

스따로베르 — 뽀뜨레쏘프를 보라.

스뜨루베 (1870~1944) — 러시아의 부르주아 경제학자이자 정치 평론가. '합법적 맑스주의'를 대표하는 인물이었고, 자유주의적 부르주아 잡지 『해방』의 편집장을 지냈고(1902~1905년), 해방연맹의 지도자의 한 사람이었다. 1905년부터 입헌민주주의당 중앙위원회 위원으로서 당의 우익을 이끌었고 『러시아의 사상』이라는 잡지의 편집장을 맡았다. 10월 혁명 이후 소비에트 정권을 반대하였다.

아끼모프 (1872~1921) — 러시아의 대표적인 '경제주의자'. 러시아사회민주주의노동자당 제2차 대회에서 『불꽃』에 반대했으며, 대회 이후 적극적인 멘셰비끼가 되었다.

아르님-수꼬프 (1798~1861) — 프로이센의 외교관이자 반동적 귀족과 관료의 대표자. 캄프하우젠 내각에서 외무장관을 지냈으며(1848년 3~6월) 프로이센 국민의회의 의원이었다.

엥겔스 (1820~1895) — 독일의 혁명가. 맑스의 평생 동료.

조레스 (1859~1914) — 프랑스의 사회주의자. 평화와 민주주의를 옹호하고 군국주의와 전쟁 등을 반대하여 적극적으로 투쟁했다. 현재 프랑스공산 당 기관지인 『인류 L' Humanité』를 창간했고(1904년), 1905~ 1907년 러시아혁명에 프랑스 인민을 연대시키는 운동에 적극 참여했다.

카니츠 (1783~1852) — 프로이센의 장군. 반동적 귀족과 관료의 대표자. 캄프하우젠 내각의 전쟁장관(1848년 5~6월).

카우츠키 (1854~1938) — 독일의 사회민주주의자. 제2인터내셔널의 이론가. 1883년 경에는 『신시대』의 편집자. 1890년대 말에는 베른슈타인의 수정주의와 투쟁했다.

캄프하우젠 (1803~1890) — 프로이센의 정치가이자 은행가. 자유주의 부르주아지의 지도자의 한 사람. 프로이센 수상을 지냈으며(1848년 3~6월), 반동적 군주주의 진영과 합의하는 정책을 수행하고 혁명의 진전을 억지시키려 노력했다.

포이어바흐 (1804~1872) — 독일의 유물론 철학자, 1840년대 청년헤겔파의 한 사람.

프루동 (1809~1865) — 프랑스의 사회학자, 경제학자. 1844년에 빠리에 체류하던 맑스와 교류가 있었지만, 후에 노동조합과 파업에 반대하는 입장을 가졌다.

하커트 (1827~1904) — 영국의 정치가, 자유주의자. 1873년부터 정부의 요직을 역임했고, 1894~1898년에는 자유당 당수를 지냈다.

한제만 (1790~1864) — 프로이센의 정치가, 대자본가, 은행가. 라인 지방의 자유주의 부르주아지의 지도자의 한 사람이며, 캄프하우젠 내각에서 재무장관을 지냈고(1848년 3~6월), 그의 뒤를 이어 프로이센 총리(1848 년 7~9월)가 되었다.

흘레스따꼬프 — 고골의 희극 『검찰관』에 등장하는 잘난 체하는 거짓말쟁이.

히르쉬 (1841~1900) — 독일의 저널리스트, 전독일노동자협회 회원. 둥커와 함께 1868년에 히르쉬-둥커연맹을 창립했다.

간행물 해설

『노동자의 대의』 —『라보체예 젤로』. 국외러시아사회민주주의자동맹의 기관
지. 1899년 4월부터 1902년 2월에 걸쳐 주네브에서 부정기적으로 출판
되었다. 끄리쳅스끼, 마르띠노프, 이반신 등 편집국은 "경제주의자들"
의 국외 구심이었으며, 『불꽃』을 반대하는 투쟁을 벌였다.

『노동자의 사상』 —『라보차야 미슬』. "경제주의자들"의 기관지. 1897년 10월
부터 1902년 12월까지 뻬쩨르부르크와 해외에서 발행.

『동지』 —『또바리시』. 1906년 3월부터 1907년 12월까지 뻬쩨르부르크에서
발행되던 부르주아 일간 신문. 사실상 입헌민주주의당 좌파의 기관지였
고, 멘셰비끼도 이 신문에 협력하였다.

『러시아 고사故事』 —『루스까야 스따리나』. 러시아의 역사 잡지. 1870년부터
1918년까지 뻬쩨르부르크에서 월간지로 발행. 혁명가들과 문화계를 대
표하는 사람들의 회상기, 일기, 수기 및 편지 등을 다루었다.

『러시아 통보』 —『로씨스까야 베도모스찌』. 1863년부터 모스크바에서 발행
되던 신문. 1880년대와 1890년대에는 민주주의 진영의 작가들과 자유
주의적 인민주의자들의 글이 실렸다.

『모스크바 통보』 —『모스꼽스끼예 베도모스찌』. 1756년부터 모스크바대학에
서 출판된 신문. 19세기 후반에는 지주와 귀족들의 견해를 대변하는 군
주주의적 민족주의 기관지가 되었다. 1905년부터는 '검은 도당'의 주요
기관지의 하나가 되었다.

『불꽃』 —『이스끄라』. 1900년 12월에 레닌이 창간한 러시아 최초의 전국적
비합법 맑스주의 신문. 처음에는 라이프찌히에서, 그 후에는 뮌헨, 런던,
주네브에서 발행되었다. 『불꽃』편집국은 러시아사회민주주의노동자당
제2차 대회의 강령 초안을 작성하고 대회를 준비했고, 대회는 『불꽃』을
당의 중앙기관지로 공표했다. 멘셰비끼가 주도한 제52호부터 『불꽃』은
레닌에 반대하는 투쟁을 벌였다.

『사회민주주의자』 —『조치알 데모끄라트』. 1905년 4월부터 11월까지 찌플리
스에서 그루지아어로 발간되던 멘셰비끼 신문.

『새벽』—『자랴』. 러시아의 맑스주의 정치-학술지. 1901~1902년에 슈투트가르트에서『불꽃』편집국에 의해 합법적으로 발행되었다.

『신라인신문』—『노이에 라이니쉐 차이퉁』. 1848년 혁명 당시 맑스가 편집을 맡아 쾰른에서 발간하던 일간 신문.

『여명』—『라스베트』. 1905년 3월 1일(14일)부터 11월 29일(12월 12일)까지 뻬쩨르부르크에서 출판되었던 합법적 자유주의 신문.

『우리 시대』—『나시 드니』. 1904년 12월부터 1905년 2월까지 뻬쩨르부르크에서 발행되던 자유주의적 경향의 신문. 1905년 12월 7일(20일)에 신문이 복간되었으나 두 호밖에 나오지 못했다.

『우리의 삶』—『나샤 지즌』. 1904년 11월부터 1906년 7월까지 휴간을 거듭하며 뻬쩨르부르크에서 발행되었던 자유주의적 일간 신문. 입헌민주주의당 좌파의 입장에 가까웠다.

『인류』—『뤼마니떼』. 1904년에 조레스가 창간한 일간 신문이며 프랑스사회주의당의 기관지. 1905년에 러시아에서 시작된 혁명을 환영하였으나, 제1차 세계대전(1914~1918년) 동안에는 당내 극우파 수중에 있었다.

『전진』—『프뻬료트』. 1904년 12월 22일(1905년 1월 4일)부터 1905년 5월까지 발간된 볼셰비끼의 기관지. 총18호가 발간되었다.

『조국의 아들』—『씬 오쩨체스뜨바』. 1856년부터 1900년까지 뻬쩨르부르크에서 발행되었던 자유주의적 경향의 신문. 1905년 11월부터 사회주의자혁명가당의 기관지가 되었으나 1905년 12월 2일(15일)에 폐간되었다.

『프랑크푸르트 신문』—『프랑크푸르터 차이퉁』. 1856년부터 1943년까지 독일의 대형 주식 거래자들이 주도하던 일간 신문.

『프롤레타리아』— 『쁘롤레따리』. 러시아사회민주주의노동자당 제3차 대회의 결정으로 창간된 당의 중앙기관지. 1905년 5월 14일(27일)부터 11월 12일(25일)까지 주네브에서 26호까지 비합법적으로 발간한 주간지이며, 레닌의 구『불꽃』과 볼셰비끼의『전진』의 노선을 이어갔다.

『해방』—『오스보보주제니예』. 러시아 자유주의 부르주아지의 기관지. 1902년부터 1905년까지 슈투트가르트에서 발간되었으며, 그 후에는 스뜨루베의 편집으로 빠리에서 발간되었다. 1905년 10월에 조직된 러시아의 대표적인 부르주아 정당인 입헌민주주의당의 중핵을 이루었다.

[해제]
민주주의혁명과 노동자계급

김태호 (박종철출판사)

　레닌의 저작 『민주주의혁명 시기 사회민주주의당의 두 가지 전술』(이하 『두 가지 전술』)은 1905년에 러시아에서 발생한 혁명적 상황에 대해 볼셰비끼와 멘셰비끼가 각각 런던의 당대회와 주네브의 협의회에서 채택한 전술을 비교한 글이다. 원고는 7월에 완성되었다.

　이 해제에서는 이 저작에서 본격적으로 다루지는 않는 러시아사회민주주의노동자당이 볼셰비끼와 멘셰비끼로 분열된 상황을 설명하고, 또한 1905년 러시아에서 벌어진 혁명적 사태를 설명하여, 이 저작의 이해에 도움을 주고자 한다.

1. 제2차 러시아사회민주주의노동자당 대회와 당의 분열

1903년에 러시아의 사회민주주의자들의 당대회가 열렸다. 일찍이 1898년 3월에 러시아의 여섯 개 조직을 대표하는 9인의 대표자들이 참가하여 러시아사회민주주의노동자당 창당대회를 연 적이 있었다. 당명을 정하고, 중앙위원회를 구성하고, 당 기관지를 결정하고, 「선언문」을 채택하는 등 기본적인 당의 골격을 갖춘 듯했으나, 대회 직후 중앙위원 대다수가 체포되면서 사실상 당은 와해되었다. 하지만 1903년에 모인 러시아의 사회민주주의자들은 자신들의 대회를 러시아사회민주주의노동자당 제2차 대회라 불렀다. 대회는 7월에 브뤼셀의 한 밀가루 창고에서 시작되었는데, 대회를 진행하던 도중에 벨기에 경찰의 박해로 인해 런던으로 장소를 옮겨야 했다.

제2차 대회는 사실상 창당대회였다. 당 강령 채택, 당 규약의 승인, 중앙위원회와 중앙기관지 편집국 선거 등이 주요 안건이었다. 『불꽃』파가 준비한 당 강령 초안이 통과되는 등 레닌을 중심으로 당대회를 준비한 사람들의 계획대로 당대회가 끝나는 듯했다. 하지만 규약에 대한 심의에서 레닌파는 패배했다. 당원의 자격을 규정하는 제1조를 놓고 격론을 벌인 끝에, "당의 한 조직의 지도 아래 규칙적으로 스스로 당에 협력하는 자"로 당원의 자격을 정한 레닌의 초안이 "규칙적인 개인적 협력"으로 충분하다고 정한 마르또프의 초안보다 적은 지지를 얻었던 것이다.

그런데 레닌의 반대파 대의원 가운데 몇몇은 몇 가지 결정에 대해 불만을 품고 대회장을 떠났다. 이로 인해 중앙기관지『불꽃』편집국원 선출에서는 레닌파가 다수파가 되었다. '볼셰비끼'(다수파를 뜻하는 러시아어)가 탄생한 것이다. 이 대회 이후 레닌파는 스스로를 볼셰비끼라 불렀고, 중앙기관의 선출에서 소수파였던 사람들을 언제나 '멘셰비끼'(소수파를 뜻하는 러시아어)라 불렀다.

당대회 이후 당내 투쟁은 격화됐다. 멘셰비끼는 당의 지도권을 잡기 위해 여러 방면에서 볼셰비끼를 공격했다. 당 기관지『불꽃』의 책임자인 쁠레하노프도 레닌의 노선에 반대하는 편에 섰다. 쁠레하노프는 당대회의 결정을 무시하고 레닌 반대파로 기관지의 편집국 위원을 보충하려고 했고, 이에 항의하여 레닌은『불꽃』편집국에서 사임했다. 1903년 11월의 제52호 이후의『불꽃』, 곧 "신『불꽃』"은 멘셰비끼의 기관지가 됐다.

이제 볼셰비끼와 멘셰비끼는 형식적으로만 하나의 당에 있는 셈이었다. 레닌파는 상황을 타개하기 위해 당대회 소집을 준비했다. 1904년 9월 스위스에서 열린 대표자 회의에서 22명의 볼셰비끼가 당대회 소집을 요구했고, 12월까지 세 차례에 걸쳐 볼셰비끼 지역위원회 대표자 회의가 열려 당대회 소집을 위한 '사무국'을 구성했다. 볼셰비끼의 신문『전진』도 발행되었다.

1905년에 볼셰비끼와 멘셰비끼는 별도의 회의를 열고 상황에 대처하게 된다.

2. 러일전쟁과 '피의 일요일' 사건

1897년 국세조사에 따르면 러시아 인구 1억2천백6십만 가운데 농업인구가 5/6에 달하고 그 가운데 2/3가 빈농이었다. 노동자계급은 계속 증가하였고 또 증가할 수밖에 없었지만, 러시아는 아직도 농업 중심의 봉건국가였다. 농민과의 동맹이 혁명에서 사활적인 것은 이런 사정 때문이었다.

1900년부터 시작된 세계적 공황은 러시아에도 영향을 미쳤다. 실업과 기아가 전국을 휩쓸자 러시아 곳곳에서 파업과 시위가 급격히 증가했다.

이런 와중인 1904년 1월, 러시아와 일본 사이에 전쟁이 시작되었다. 자본주의와 공업화를 향해 나아가던 섬나라 일본이 러시아를 향해 눈을 돌리면서 시작된 전쟁이었다. 짜르는 인민의 관심을 전쟁으로 돌려 운동의 불길을 꺼 보려 했다. 하지만 뤼순旅順이 함락되고 쓰시마해협에서 대패하는 등 짜르의 권위는 실추되었다. 전쟁은 러시아 인민을 어려운 상황으로 몰아갔다. 대개 농민 출신인 병사들은 전장에서 시달렸고, 노동자들은 전쟁에 필요한 물자를 생산하느라 시달렸고, 농촌에서는 병사들의 식량을 공급해야 했다.

한편 1905년 1월 3일, 뻬쩨르부르크의 뿌찔로프 공장에서 13,000명의 노동자가 임금 인상과 벌금 인하를 요구하며 파업을 일으켰다. 1904년 12월의 해고에 대한 항의로 시작된 파업이었다. 1월 7일, 이 파업은 다른 공장의 노동자들까지 동참한 총파업으로 발전했고, 1월 9일 일요일 아침에 뻬쩨르부르크의 노동자들은 성상聖像과 짜르의 초상을 들고 짜르가 머물고 있는 겨울궁전으로 행진했다. 시위대는 "인자하신 짜르"께서 불쌍한 백성들의 요구를 받아 줄 것으로 생각했다. 이 행진을 주도한 것은 역설적이게도 러시아 경찰의 첩자인 가퐁이라는 신부였다. 군대는 군중의 규모와 기세에 놀랐고, 발포로 인해 사망자 1,000명과 부상자 4,000~5,000명이 생겨났다. 이 대참사가 1905년 러시아 혁명의 시작이었다. 이 "피의 일요일" 사건 이후 전국에서 노동자와 농민들의 시위가 일어났다.

짜르는 인민의 요구를 받아들이는 시늉이라도 낼 수밖에 없었고, 러시아의 여러 정치세력은 사태를 자신에게 유리하게 이끌려 했다.

3. 1905년 러시아의 정치세력

짜르를 정점으로 하는 지배 세력은 1905년 2월 혁명으로 더이상 기존의 체제를 고집할 수 없게 되었다. 그리하여 혁명 직후에 내무대신 불리긴을 의장으로 하고 대지주와 귀족의 대표들이 참여하는 특별 자문 회의를 구성하여, 의회('국가두마') 소집에 관한 법을 마련하려 했다. 이 '불리긴위원회'의 계획에 따르면, 국가두마는 짜르 산하의 자문 기구일 뿐이며 선거권도 자산층에만 있었다. 최초의 두마 선거에 볼셰비끼가 보이콧 전술을 결정한 것은 이런 이유 때문이었다.

다음으로『해방』이라는 신문을 중심으로 모인 세력은 1905년 1월의 사태를 계기로 러시아가 국가 구성원의 합의에 의해

제정된 헌법과 법률에 따라 운영되는 국가, 곧 입헌민주주의 국가가 되기를 원했다. 이들의 중심에는 지방의원이 있었다. 러시아의 지방의회('젬스뜨보')는 1864년에 짜르 알렉싼드르 2세가 의료, 교육, 도로 등의 한정된 범위에서 자치를 허용하며 시작되었는데, 지방의원은 주로 토지소유자와 귀족이었다. 이들은 1905년 10월에 입헌민주주의당('까데트')을 창당한다.

짜르 체제에 반대하는 세력으로 사회주의자혁명가당도 있었다. 이 당은 러시아의 전통적인 인민주의를 계승한 당, 말하자면 "인민의 의지"의 후예였으며, 1901년 말에 창당했다. 이 당은 러시아의 혁명에서 노동자계급이 주도적 역할을 맡으리라는 점을 인정하지 않았고, 농노제의 잔재에 맞선 농민의 투쟁을 사회주의적인 것이라 여겼다. 이들은 토지의 사회화를 요구했는데, 이는 러시아 전래의 농촌공동체를 부활시키는 것을 뜻했다. 또한 이들은 인민주의의 계승자답게 대중운동보다는 테러라는 수단에 여전히 의존했다.

4. 당대회와 협의회

러시아사회민주주의노동자당 제3차 대회는 1905년 4월 12일부터 27일까지 열렸다. 볼셰비끼 38명이 참가한 대회였다. 이 대회에서는 러시아에서 전개되고 있던 민주주의혁명의 주요한 문제들에 대해 전술을 확정했다. 이 점에 대해서는 레닌의 글이 자세히 서술하고 있으니, 이 대회의 다른 결정 사항들을 설명하기로 하자.

제3차 당대회는 당의 규약을 검토하여 제2차 당대회 결정 사항인 두 개의 중앙, 곧 중앙위원회와 중앙기관지를 하나의 중앙, 곧 중앙위원회로 통합하기로 결정했다. 이전 규약에서 중앙위원회 활동과 중앙기관지 활동을 조절하던 당협의회 역시 폐지했다. 또한 『불꽃』을 멘셰비끼가 장악하고 있는 현실을 고려해 새로운 중앙기관지로 『프롤레타리아』를 창간할 것을 중앙위원회에 위임했다.

이제부터 러시아사회민주주의노동자당은 볼셰비끼의 당, 레닌의 당이 되었다.

멘셰비끼는 소수파인 만큼 당대회를 열 수 없었기에, 비슷한 시기에 주네브에서 협의회를 열어 당면 혁명에 관해 논의하고 전술을 채택했다. 이 점 역시 본문에서 레닌이 자세히 설명하고 있다.

5. 『두 가지 전술』 집필 이후의 혁명의 진행

레닌이 서문을 쓸 무렵, 일본과의 전쟁으로 지친 순양함 '뽀쫌낀 공'의 수병들이 반란을 일으켰고, 이 반란은 짜르 체제를 무너뜨리려는 운동에 병사들이 참여하는 도화선이 되었다. 레닌은 병사들의 반란과 노동자들의 파업이 결합되어 무장봉기로 나아가면 혁명이 성공하리라 보았다. 노동자들의 정치 총파업이라는 전술이 혁명운동에 등장하게 되었던 것이다. 이후 운동은 1905년 가을 절정에 달하게 된다. 파업 참가자는 200만 명을 넘어섰으며, 이 가운데 100만 명이 공업 노동자였다. 파업은

'전제를 타도하자! 민주적 공화제 만세!' 라는 슬로건을 내걸고 진행되었다.

짜르는 1905년 8월 6일에 의회를 소집한다는 칙서를 발표했고, 8월말에는 일본과의 강화 조약을 서둘러 조인했다. 칙서에 따르면 지주, 자본가, 소수의 농민에게만 선거권이 있고 노동자는 선거에 참여할 수가 없었으며, 412개의 의석 가운데 농민에게 할당된 것은 51석에 불과했다. 게다가 이 국회는 입법권을 갖지 않고 단지 짜르의 자문 기관으로서 몇 가지 문제를 심의할 수 있을 뿐이었다. 짜르에 대한 반대 투쟁이 너무 강력해서 결국 선거는 실시될 수 없었다. 10월 17일, 짜르는 새로운 칙령을 발표하여 자유와 입법 기능을 갖는 두마를 약속했다.

1905년 혁명 당시 파업을 지도한 것은 소비에트(평의회)라는 기관이었다. 파업 과정에서 생겨난 소비에트는 노동자계급의 대중적인 정치조직이라 할 수 있다. 파업의 지도 기관이었던 소비에트는 투쟁이 봉기로 불붙자 무력 투쟁의 기관으로 바뀌었고, 결국 권력의 맹아로 이해되었다. 그리하여 훗날 1917년 10월에 혁명이 성공하여 볼셰비끼가 권력을 잡았을 때 국호는 소비에트사회주의공화국연방이 되었다.

망명 중이던 레닌과 볼셰비끼가 귀국하여 사태에 개입했다. 볼셰비끼는 이제 합법적으로 신문을 발행할 수도 있었다. 12월 5일, 모스크바의 볼셰비끼 회의는 총파업을 선언하고 무장봉기를 시작할 것을 결정했다. 12월 7일, 가두에서 바리케이드전이 시작되었다. 12월 16일, 정부군의 우세가 분명해짐에 따라 모스크바의 볼셰비끼 위원회와 소비에트 집행위원회는 후퇴를 결정

했다. 무장봉기는 모스크바에 이어 니주니 노브고로트, 노보로
씨스크, 돈바스, 예까쩨리노슬라프, 모또빌리하, 우파, ㄲ라스노
야르스크, 치따 등과 같은 도시들에서도 일어났지만, 모두 짜르
의 병사들에게 진압되었다.

혁명은 그렇게 막을 내렸고, 한동안의 반동이 러시아를 지배
하게 된다.

6. 민주주의혁명과 노동자계급

볼셰비끼와 멘셰비끼가 전술에서 가장 큰 차이를 보인 것은
민주주의혁명에서 노동자계급이 어떤 역할을 할 것인지의 문
제, 또는 노동자계급과 농민의 동맹이 문제였다. 사회주의혁명
가당은 1905년의 혁명을 농민이 주도하여 토지 사회화를 이룸
으로써 러시아에 "사회주의"가 도래할 수 있다고 보았지만, 볼
셰비끼와 멘셰비끼 모두 1905년 혁명으로 자본주의가 철폐되
리라 보지 않았다.

그렇다면 그러한 혁명에서 노동자계급은 어떤 역할을 맡고
무엇을 요구해야 하는가?

멘셰비끼는 부르주아지가 민주주의혁명에서 물러서지 않도
록 하기 위해 노동자계급이 너무 많은 것을 요구하거나 적극적
인 역할을 해서는 안 된다고 했다. 나아가 새로이 구성되는 권
력에 참여해서도 안 된다고 했다.

볼셰비끼는 러시아사회민주주의노동자당과 프롤레타리아
트가 민주주의혁명을 최대한 진전시켜야 하며, 이때 농민과의

동맹이 중요하다고 보았다. "노동자와 농민의 혁명적 민주주의 독재"! 농민이 인구의 대다수이며 비참한 삶을 이어가는 국가에서 농민을 무시한 노동자만의 요구를 내세운다는 것은 혁명을 포기하는 일이라는 것이다. 민주주의를 혁명적인 방식으로 도입하여 노동자와 농민이 아닌 세력에 대해 독재를 펴는 것이 1905년 시점에서 러시아의 자본주의를 폐지하고 사회주의를 가져올 수 있는 유일한 방식, 민주주의혁명을 최대한 "진전시키는" 길이라는 것이다.

역사에서 앞서 벌어진 혁명을 보면서 민주주의혁명에 노동자계급이 너무 나서면 안 된다고 말하는 것은 레닌과 볼셰비끼가 보기에 황당한 일이었다. 레닌은 민주주주의혁명에서 러시아의 부르주아지가 이미 동요하고 있다고 보았고, 이미 그런 예가 있음을 맑스와 엥겔스를 인용하면서 보이고 있다.

봉건제에서 자본주의로의 이행은 부르주아가 주도하는 혁명이자 민주주의혁명이며 그 이후의 자본주의 질서의 철폐는 프롤레타리아가 주도하는 사회주의혁명이라는 식의 도식은 레닌과 볼셰비끼에게는 없었다. 그런 도식은 1900년대 초반 러시아에서 "경제주의"라는 별칭을 얻은 조류, 곧 한 사회구성체에서 경제관계가 토대로서 정치 등의 상부구조 등을 결정하므로 경제투쟁이 더 중요하다는 조류의 주창자들의 도식만큼이나 황당한 것이다.

그 어떤 사고의 도식에서 벗어난 창의성과 역사에 대한 책임감으로 밀어붙일 수 있는 만큼 밀어붙여 세상을 바꾸겠다는 생각, 그것이 볼셰비끼에 고유한 혁명론이었던 것이다.

레닌, 블라지미르 일리치 (1870~1924)
러시아사회민주주의노동자당에서 볼셰비끼를 조직했고, 볼셰비끼의 힘으로 러시아혁명과 세계 공산주의운동을 이끌었다. 세계 최초로 자본주의 권력을 무너뜨리고 사회주의와 공산주의를 현실화하려 했던 국가의 최고 권력자가 되었다.

최호정
서울대학교 미학과와 한국외국어대학교 통번역대학원 한노과를 졸업하고, 뉴욕주립대 빙햄턴 캠퍼스에서 번역학을 공부했다. 한국에서 처음으로 러시아어를 대본으로 레닌 저작과 끄룹스까야의 『레닌을 회상하며』를 번역했다.

민주주의혁명 시기 사회민주주의당의 두 가지 전술

지은이   레닌
옮긴이   최호정
펴낸곳   박종철출판사

주소   경기도 고양시 덕양구 화중로 100 비젼타워21빌딩 1001호 (화정동 968)
전화   031.968.7635(편집) 031.969.7635(영업)
팩스   031.964.7635

초판 1쇄   2003년 11월 18일
개정판 1쇄   2014년 5월 30일

값   12,000원

ISBN   978-89-85022-70-5   04300
ISBN   978-89-85022-68-2   04300 (세트)